AF591275

8° G
1637

8°G
1637

L'ENSEIGNEMENT DE LA GÉOGRAPHIE
[Collec]tion d'ouvrages publiés par M. E. LEVASSEUR, membre de l'Institut,
ou sous sa direction.

COURS D'ÉTUDES
Pour les Lycées et Collèges
(CLASSES ÉLÉMENTAIRES)

GÉOGRAPHIE ÉLÉMENTAIRE
DES CINQ PARTIES DU MONDE

PAR

E. LEVASSEUR
Membre de l'Institut.

CLASSE DE HUITIÈME

PARIS
LIBRAIRIE DE CH. DELAGRAVE ET Cie,
Éditeurs de la Société de Géographie de Paris
58, RUE DES ÉCOLES, 58

Atlas de la géographie élémentaire des cinq parties du Monde *(classe de huitième)*, par E. LEVASSEUR et CH. PÉRIGOT. 1 vol. petit in-4° écu. Prix, cart. 1 fr

COURS COMPLET DE GÉOGRAPHIE

A L'USAGE DES LYCÉES ET COLLÈGES

d'après les Programmes du 25 juillet 1874
rédigés par ordre de M. le Ministre de l'Instruction publique.

COLLECTION D'OUVRAGES

publiés sous la direction

DE

E. LEVASSEUR

Membre de l'Institut

DÉPÔT LÉGAL
Seine (Seine)
N° 120
1877
R.F.

CLASSES ÉLÉMENTAIRES

Classe préparatoire. — Notions préliminaires et géographie élémentaire de la France physique et de la Terre-Sainte, par E. LEVASSEUR. 1 vol. in-12, avec vignettes et cartes coloriées dans le texte. Prix cart. . . . . . 1 »

Classe de huitième. — Géographie élémentaire des cinq parties du monde, par E. LEVASSEUR. 1 vol. in-12, avec figures. Prix cart. . . . . » 80

Classe de septième. — Géographie élémentaire de la France, par E. LEVASSEUR. 1 vol. in-12, avec figures. Prix cart. . . . . » 80

CLASSES DE GRAMMAIRE

Classe de sixième. — Géographie physique et politique de l'Afrique, de l'Asie, de l'Océanie et de l'Amérique, par CH. PÉRIGOT, professeur au lycée Saint-Louis. 1 vol. in-12, avec figures. Prix cart. 1 50

Classe de cinquième. — Géographie physique et politique de l'Europe, par CH. PÉRIGOT. 1 vol. in-12, avec figures. Prix cart. 1 50

Classe de quatrième. — Géographie physique et politique de la France, par CH. PÉRIGOT. 1 vol. in-12, avec figures. Prix cart. 1 50

CLASSES D'HUMANITÉS

Classe de troisième. — Géographie physique, politique et économique de l'Europe, par E. LEVASSEUR. 1 vol. in-12, avec figures. Prix cart. . 4 »

Classe de seconde. — Géographie physique, politique et économique de l'Afrique, de l'Asie, de l'Océanie et de l'Amérique, par E. LEVASSEUR. 1 vol. in-12, avec figures. Prix cart. . . . . 4 »

Classe de rhétorique. — Géographie physique, historique, politique, administrative et économique de la France et de ses colonies, par E. LEVASSEUR. 1 vol. in-12, de près de 900 pages, contenant 174 cartes, coupes et figures explicatives insérées dans le texte. Prix cart. 6 50

— Précis de la Géographie de la France et de ses colonies. 1 vol. in-12, cart 2 50

Classe de Mathématiques préparatoires. — Géographie élémentaire des cinq parties du monde. 1 vol. in-12, avec figures. Prix cart. . . » »

Classe de Mathématiques élémentaires. — Géographie physique, politique et économique des cinq parties du monde. 1 vol. in-12, avec figures. Prix cart. . . . . » »

COURS COMPLET DE GÉOGRAPHIE

A L'USAGE DES LYCÉES ET COLLÈGES

d'après les Programmes du 25 juillet 1874
rédigés par ordre de M. le Ministre de l'Instruction publique.

COLLECTION D'ATLAS

PUBLIÉES PAR

F. LEVASSEUR
Membre de l'Institut.

CH. PÉRIGOT
Professeur d'histoire et de géographie au lycée Saint-Louis.

CLASSES ÉLÉMENTAIRES

Classe de huitième. — Atlas de la Géographie élémentaire des cinq parties du monde. 9 cartes formant un vol. petit in-4° écu. Prix, cart. . . . . 1 »

Classe de septième. — Atlas de la Géographie élémentaire de la France. 9 planches, 22 cartes formant 1 vol. petit in-4° écu. Prix, cart. . . . 1 »

CLASSES DE GRAMMAIRE

Classe de sixième. — Atlas de la Géographie physique et politique de l'Afrique, de l'Asie, de l'Océanie et de l'Amérique, et de la Géographie historique de l'Orient. 18 cartes formant un vol. grand in-8 jésus. Prix, cart. 2 50

Classe de cinquième. — Atlas de la Géographie physique et politique de l'Europe et de la Géographie historique de la Grèce. 20 cartes formant 1 vol. grand in-8 jésus. Prix, cart. 3 50

Classe de quatrième. — Atlas de la Géographie physique et politique de la France et de la Géographie historique de l'empire Romain. 20 cartes formant un vol. grand in-4 jésus. Prix, cart. . . . . 4 »

CLASSES D'HUMANITÉS

Classe de troisième. — Deux Atlas :

1° Atlas de la Géographie physique, politique et économique de l'Europe. 34 cartes formant un vol. petit in-4° écu. Prix, cart. . . . . [illegible] »

2° Atlas de la Géographie historique de l'Europe du ve à la fin du XIIIe siècle. 17 cartes formant 1 vol. grand in-8° jésus. Prix, cart. . . . . 4 »

Classe de seconde. — Deux Atlas :

1° Atlas de la Géographie physique, politique et économique de l'Afrique, de l'Asie, de l'Océanie et de l'Amérique. 32 cartes formant 1 vol. petit in-4° écu. Prix, cart. . . . . 4 »

2° Atlas de la Géographie historique de l'Europe, de la fin du XIIIe au commencement du XVIIe siècle. 16 cartes formant 1 vol. grand in-4° jésus. Prix, cart. . . . . 5 »

Classe de Rhétorique. — Deux Atlas :

1° Atlas de la Géographie physique, politique, administrative et économique de la France et de ses possessions coloniales. 27 cartes formant 1 vol. petit in-4° écu. Prix, cart . . . . 3 »

2° Atlas de la Géographie historique de l'Europe, de 1610 à 1789. 15 cartes formant 1 vol. grand in-4° jésus. Prix, cart. . . . . 5 »

Classe de Philosophie. — Deux Atlas :

1° Atlas de la Géographie physique, politique et économique. 93 cartes formant 1 vol. petit in-4° écu. Prix, cart. . . . . 10 »

2° Atlas de la Géographie historique, de 1789 à 1848. 12 cartes formant 1 vol. grand in-4° jésus. Prix, cart . . . . 5 »

Classe de Mathématiques préparatoires. — Deux Atlas :

1° Atlas élémentaire de la Géographie physique et politique. 37 cartes formant 1 vol. grand in-8° jésus. Prix, cart. 4 50

2° Atlas de Géographie ancienne. 21 cartes formant un vol. grand in-4° jésus. Prix, cart. . . . . 10 »

Classe de Mathématiques élémentaires. — Deux Atlas :

1° Atlas de la Géographie physique, politique et économique. 93 cartes formant 1 vol. petit in-4° écu. Prix, cart.. . . . . 10 »

2° Atlas de la Géographie historique. 50 cartes formant un vol. grand in-4° jésus. Prix, cart. . . . . 10 »

Tout exemplaire de cet ouvrage non revêtu de notre griffe sera réputé contrefait.

Ch. Delagrave

Sceaux. — Typ. et stér. M. et P.-E. Charaire.

L'ENSEIGNEMENT DE LA GÉOGRAPHIE
Collection d'ouvrages publiés par M. E. LEVASSEUR, membre de l'Institut
OU SOUS SA DIRECTION

COURS D'ÉTUDES
Pour les Lycées et Colléges
(CLASSES ÉLÉMENTAIRES)

GÉOGRAPHIE ÉLÉMENTAIRE
DES CINQ PARTIES DU MONDE

PAR

E. LEVASSEUR
Membre de l'Institut.

QUATRIÈME ÉDITION

CLASSE DE HUITIÈME

BIBLIOTHÈQUE R. F.

CH. DELAGRAVE
Éditeur de la Société de Géographie
15, RUE SOUFFLOT, 15

1878

PRÉFACE

Conseils pour faire un bon usage de ce livre :

1° L'enseignement de la géographie ne doit jamais se borner à une aride nomenclature et consister uniquement en une série de noms propres appris par cœur. Mais il est difficile pour les élèves des classes élémentaires de discerner ce qui doit être lu, comme on lit un livre d'histoire, de ce qui doit être appris. C'est pourquoi chaque section de ce volume se compose de deux parties : en premier lieu, les paragraphes du TEXTE DÉVELOPPÉ; en second lieu, un paragraphe qui est le RÉSUMÉ du texte développé.

2° NE DONNER A APPRENDRE PAR CŒUR EN LEÇON QUE LES RÉSUMÉS. Ces résumés, imprimés en plus gros caractères et placés à la fin de chaque section, sont eux-mêmes subdivisés en soixante-dix numéros. Ce serait donc *un numéro à apprendre par leçon dans un cours de quarante-neuf leçons.* — La géographie de la Terre-Sainte, n'étant pas comprise dans le programme, forme une partie supplémentaire.

3° Exiger que tous les élèves, les faibles comme les forts, aient lu attentivement, dans le texte développé, les paragraphes correspondant en totalité ou en partie au numéro du résumé à apprendre. Le maître préparera cette lecture en donnant dans sa leçon orale toutes les explications utiles, et s'assurera, à la leçon suivante, par l'interrogation, que la lecture a été faite et que ses propres explications ont été comprises. Se servir du questionnaire pour l'interrogation; mais ce questionnaire ne donne que quelques exemples; multiplier et varier les questions, et ramener, à propos de la leçon du jour, les élèves sur les leçons précédentes.

4° Remarquer que, dans le développement comme dans le résumé, il y a des mots imprimés en CAPITALES et des mots imprimés en *italiques* : ce sont les noms importants. Les noms en capitales sont plus importants encore que les noms en italiques. Les résumés se composent presque exclusivement des noms propres qui, dans le texte développé, sont en capitales (le résumé les donne en capitales ou en italiques) et en italiques (le résumé les donne toujours en lettres ordinaires).

5° En faisant la leçon, MONTRER TOUJOURS LES LIEUX ET LES CHOSES SUR LA CARTE, et, autant que possible, sur la carte murale ou sur un dessin fait au tableau noir; les montrer, en insistant sur leur forme, afin que les élèves se pénètrent bien de l'image. En interrogeant, exiger que les élèves montrent ces mêmes lieux sur la carte murale, sur la carte muette, sur le tableau noir, sur un tableau-carte, sur leur atlas ou sur une carte-ardoise. *L'enseignement de la géographie doit toujours se faire à l'aide de la carte*, parce que chaque lieu a une forme et une position déterminées que les élèves doivent garder dans leur mémoire aussi fidèlement que le nom du lieu.

6° Quand le maître exigera des devoirs écrits, ne demander que des cartes très-simples, contenant seulement les noms qui font l'objet de la leçon; engager les élèves à se servir de cartes muettes dressées de manière à guider leur dessin sans leur épargner la peine de faire par eux-mêmes la partie du tracé relative à la leçon du jour.

7° Intéresser, autant que possible, les élèves par des descriptions plus animées et plus longues que ce volume ne les donne. Si la classe est forte, c'est moins en lui apprenant un plus grand nombre de noms propres qu'en lui expliquant plus complétement chaque chose qu'il convient de profiter de ses bonnes dispositions. S'appliquer à faire comprendre le rapport des faits entre eux, par exemple celui du cours des eaux avec le relief du sol, celui des productions avec le climat, etc., de manière à tenir en éveil l'esprit des élèves et à faire que la mémoire soit mise au service de l'intelligence dans l'étude de la géographie, comme elle doit l'être dans les autres parties de l'enseignement.

8° Les figures sont de deux espèces. Les unes, comme celles de la première partie en général, sont absolument nécessaires pour l'intelligence du texte. Les autres sont explicatives; elles accompagnent toujours les noms importants, de manière à attirer et à fixer sur ces noms l'attention des élèves. Les figures font donc partie du plan général; y insister avec les élèves et les interroger sur le détail des choses qu'elles représentent. Les objets ne pouvant pas être représentés à leur grandeur réelle ni même à une grandeur proportionnelle, nous indiquons cette grandeur au bas de toutes les figures sur lesquelles il pourrait y avoir quelques doutes à cet égard. Ainsi, à côté de la figure qui représente la baleine, le signe long. : 20 m., signifie que la baleine représentée sur la figure a une longueur de 20 mètres.

Les 8 premières leçons du cours doivent être consacrées à la révision du cours de neuvième. Nous nous contentons de donner le résumé; le maître procédera surtout par interrogation et s'assurera, à l'aide de la carte murale et du relief topographique, que les élèves ont déjà reçu les premières notions nécessaires à l'intelligence de ses leçons.

GÉOGRAPHIE ÉLÉMENTAIRE

DES

CINQ PARTIES DU MONDE

PREMIÈRE PARTIE

Révision du cours de l'année précédente [1].

1. Résumé des notions relatives aux termes géographiques. — 1° Termes de la GÉOGRAPHIE PHYSIQUE : Une MONTAGNE est un massif de terres très-élevées au-dessus des terres environnantes, quelquefois couvertes de neiges éternelles et de glaciers; une *colline* est une montagne de très-médiocre élévation. Un *volcan* est une montagne qui vomit du feu ou de la lave. — La partie la plus élevée d'une montagne s'appelle sommet.

Une CHAINE DE MONTAGNES est une suite de montagnes unies par leur base et formant une ligne de faîte.

2° Un *col* est un passage entre deux montagnes. à travers une ligne de faîte.

1. Pour cette première partie, qui n'est qu'une révision, nous donnons seulement le résumé : le développement se trouve dans le cours de l'année préparatoire. La révision de la géographie physique de la France se fait en étudiant l'Europe.

Un PLATEAU est une vaste étendue de terres élevées au-dessus des terres environnantes et ressemblant plus ou moins à une plaine.

D'une montagne, d'une colline ou d'un plateau, on descend par des *pentes* ou *versants*.

Une PLAINE est une terre basse, peu accidentée; — une *vallée* est une plaine étroite et encaissée entre deux versants.

3° Un FLEUVE est un *cours d'eau* d'une certaine importance qui se jette directement dans la mer; — la *source* est le point où il commence, l'*embouchure* celui où il se termine.

Une RIVIÈRE est un *affluent* qui se jette, à un point nommé *confluent*, dans un fleuve ou dans une rivière. Un BASSIN est la région qu'arrosent un fleuve et ses affluents.

Les eaux stagnantes sont désignées, suivant leur aspect général et leur importance, par les noms de marais, d'*étang* et de LAC.

4° La MER est l'immense étendue des eaux salées qui couvrent la majeure partie du globe; — ses grandes divisions sont les OCÉANS, — qui se subdivisent en MERS.

Les parties de mer qui s'enfoncent dans les terres sont des GOLFES, des *baies*, des anses.

Un bras de mer resserré entre deux terres et réunissant deux parties de mer est un DÉTROIT.

5° La partie de la terre qui borde la mer est la *côte*. — Une pointe de terre qui s'avance dans la mer est un CAP.

6° Un vaste espace de terre qui s'avance entre deux mers ou baies est une PRESQU'ILE ; la langue de terre qui réunit la presqu'île au reste de la contrée est un *isthme*.

Un espace de terre entouré d'eau de toutes parts est une ILE ; un archipel est un groupe d'îles.

7° La TERRE EST RONDE comme tous les corps célestes. Elle tourne sur elle-même en vingt-quatre heures, et autour du soleil en un an.

On appelle *axe* la ligne autour de laquelle la Terre accomplit sa rotation sur elle-même ; — PÔLES (*pôle nord* et *pôle sud*) les extrémités de cet axe à la surface de la terre ; — ÉQUATEUR, le grand cercle qui, également distant des deux pôles, partage la terre en *hémisphère nord* et en *hémisphère sud*.

8° Les QUATRE POINTS CARDINAUX sont : NORD ou septentrion ; SUD ou midi ; EST, levant ou orient ; OUEST, couchant ou occident. — Les quatre points secondaires sont : *nord-est*, *sud-est*, *sud-ouest* et *nord-ouest*.

On s'oriente à l'aide de la boussole, de l'étoile polaire ou du soleil.

QUESTIONNAIRE

Représentez (au tableau ou sur l'ardoise) la classe. — Représentez le chemin que vous suivrez pour retourner chez vous. — Représentez par deux points de grosseur inégale une petite ville et une grande ville, la petite au sud-est de la grande. — Qu'est-ce qu'une carte? — Comment une carte est-elle orientée?

Qu'est-ce qu'une montagne — une colline? — une chaîne de montagnes? — un plateau? — une plaine? — Qui a vu et qui peut décrire une montagne? — une colline? — Qu'est-ce qu'un versant? — Qui peut nommer dans le département de... une colline, un plateau dont il ne soit pas fait mention dans le livre. — Montrez sur le relief topographique un col, — une crête, — une vallée, — une pente abrupte. — Qu'entend-on par le niveau de la mer? — Qu'est-ce qu'une hauteur au-dessus du niveau de la mer? — Quelle doit être dans notre département la partie qui s'élève le moins au-dessus du niveau de la mer?

Qu'entend-on par cours d'eau? — Quelle différence y a-t-il entre un fleuve et une rivière? — Donnez des exemples. — Qui a vu une source? — un confluent? — Connaissez-vous un confluent plus important que celui de...? — Qu'est-ce qu'une embouchure? — Qu'est-ce que la rive droite? — Sur quelle rive de... est la ville de...? — Qu'est-ce qu'un affluent? — Citez-en. — Expliquez ce qu'on entend par bassin. — Dessinez (au tableau ou sur l'ardoise) un bassin, — une ligne de partage. — Qu'est-ce qu'un lac? — Nommez les étangs que vous avez vus. — Vous faites-vous une idée de la mer? — Qu'est-ce qu'un golfe, une baie? — Dessinez un détroit, — un cap, — un isthme, — une île, — un archipel. — Quelles îles connaissez-vous?

Quelle est la forme de la terre? — Les montagnes en altèrent-elles la rotondité? — Donnez des preuves de la courbure et de la rotondité de la terre. — Qu'est-ce qu'un axe? — Donnez-en des exemples. — Faites tourner une boule et montrez l'axe de rotation. — Faites voir l'axe de la terre. — Qu'est-ce qu'un pôle? — Montrez sur le globe terrestre le pôle nord, — le pôle sud, — l'équateur. — Qu'est-ce que l'équateur? — Qu'est-ce qu'un hémisphère? — Montrez et nommez les deux hémisphères. — Nommez les points cardinaux. — Qu'est-ce que s'orienter? — Comment s'oriente-t-on?

DEUXIÈME PARTIE

Notions sommaires sur le globe terrestre.

(Étudier, autant que possible, cette partie avec un globe terrestre, et, à défaut de globe, avec une mappemonde sous les yeux.)

---

2. La terre et la mer. — La terre est en partie couverte par les eaux de la mer ; ces eaux ont une profondeur qui, sur certains points, n'est pas moindre que la hauteur des plus hautes montagnes.

Le globe terrestre a une surface totale de 510 millions de kilomètres carrés. *La mer occupe* 373 millions de kilomètres carrés, c'est-à-dire près des *trois quarts de la superficie du globe*. Il suffit de regarder un globe terrestre ou une mappemonde, c'est-à-dire une représentation du globe sur une surface plane (voir la figure 1), pour apercevoir au premier coup d'œil une grande différence entre l'espace occupé par la terre et l'espace occupé par la mer.

Les terres et les mers ne sont pas également réparties sur toute la surface du globe. Regardez le globe du côté de l'Europe et en inclinant quelque peu vers le pôle nord : les terres dominent. Regardez-le du côté précisément opposé (voir la figure 2), vous ne voyez pour ainsi dire que des mers et la région inconnue du pôle sud. *La superficie des terres est beaucoup plus considérable dans l'hémisphère nord que dans l'hémisphère sud.*

3. Les continents et les cinq parties du monde. — Les terres forment sur le globe trois grands massifs distincts et inégaux en étendue que l'on nomme CONTINENTS, c'est-à-dire terres qui se tiennent ensemble et qui

Fig. 1. — Mappemonde.

ne sont pas séparées par des mers. Les trois continents, avec les îles adjacentes, comprennent les CINQ PARTIES DU MONDE :

1° L'ANCIEN CONTINENT, le plus vaste (il mesure plus de 80 millions de kilomètres carrés) et le plus anciennement connu, situé principalement dans l'hémisphère nord et comprenant trois parties du monde : — au nord-ouest l'EUROPE, dont l'étendue est de 10 millions de kilomètres carrés ; — au sud-ouest l'AFRIQUE, dont l'étendue est de 30 millions de kilomètres carrés ; — à l'est l'ASIE, qui mesure plus de 42 millions de kilomètres carrés.

L'Europe est unie à l'Asie par la chaîne de l'Oural et par la chaîne du Caucase ; l'Afrique n'est liée à l'Asie que par l'*isthme de Suez*.

2° LE NOUVEAU CONTINENT, ainsi nommé parce qu'il a été découvert en l'an 1492 par Christophe Colomb. Il comprend l'AMÉRIQUE, qui a une étendue à peu près égale à la moitié de l'ancien continent (44 millions de kilomètres carrés) et qui se subdivise en : — AMÉRIQUE DU NORD — et AMÉRIQUE DU SUD. L'Amérique du Nord et l'Amérique du Sud sont unies par l'*isthme de Panama*.

3° Le CONTINENT AUSTRAL OU AUSTRALIE, qui mesure moins de 8 millions de kilomètres. Il est situé au sud-

Fig. 2. — Hémisphère continental et hémisphère marin.

est de l'Asie. C'est le plus petit et le plus récemment connu des trois, et on le regarde quelquefois moins comme un continent que comme la plus grande île du monde; c'est le seul qui soit entièrement situé dans l'hémisphère sud (que l'on nomme aussi hémisphère austral). Il forme, avec les nombreuses îles semées au milieu de l'Océan au nord-ouest et à l'est de l'Australie, la cinquième partie du monde, l'OCÉANIE, dont on a évalué l'étendue totale à 11 millions de kilomètres carrés.

Les terres, continents et îles, ont une superficie totale de près de 137 millions de kilomètres carrés. En prenant comme terme de comparaison l'*Asie*, qui est *la plus grande des cinq parties du monde*, on trouve que l'*Amérique* (dans laquelle l'Amérique du Nord est un peu plus grande que l'Amérique du Sud) *est presque aussi grande que l'Asie; que l'Afrique est égale aux trois quarts de l'Asie, l'Océanie aux trois huitièmes, et l'*EUROPE, LA PLUS PETITE DES CINQ PARTIES DU MONDE, AU QUART DE L'ASIE.

4. Les races humaines. — Les HOMMES qui peuplent la terre appartiennent tous à la même espèce qu'on appelle l'ESPÈCE HUMAINE ; ils ne diffèrent entre eux que par la couleur, la taille, les traits du visage, la forme de

Fig. 3. — Race blanche. Fig. 4. — Race jaune.

la tête, etc. C'est d'après ces différences que l'on distingue trois grandes races :

La RACE BLANCHE, que caractérisent ses traits réguliers, son front droit, sa peau blanche (voir la figure 3), et qui habite *toute l'Europe*, le *nord de l'Afrique*, l'*ouest de l'Asie* et une *partie de l'Amérique;* nous appartenons à la race blanche.

La RACE JAUNE, que caractérisent surtout ses yeux légèrement obliques, sa peau jaunâtre, son peu de barbe, la saillie des pommettes de ses joues (voir la figure 4), et qui habite le *centre* et l'*est de l'Asie;* les Chinois appartiennent à la race jaune.

La RACE NOIRE, que distinguent surtout sa peau noire, ses cheveux ordinairement crépus, ses lèvres épaisses (voir la figure 5), et qui habite le *centre* et le *sud de l'Afrique*, une *partie de l'Océanie*, et qui a été transportée par l'esclavage en Amérique.

Les autres races, comme la race rouge en Amérique la race polynésienne en Océanie, sont regardées comme des mélanges des trois premières.

Nous ne connaissons que très-imparfaitement le nombre des habitants du globe. En l'évaluant à 1,400 *millions*, on peut dire que l'Asie possède plus de la moitié du total, l'Europe plus du cinquième (environ 326 millions), l'Afrique un douzième, l'Amérique environ un seizième, l'Océanie un cinquantième. *Relativement à sa superficie, l'Europe est de beaucoup la partie du monde la plus peuplée*, c'est-à-dire celle où l'on trouve le plus d'hommes vivant sur une même étendue de terrain.

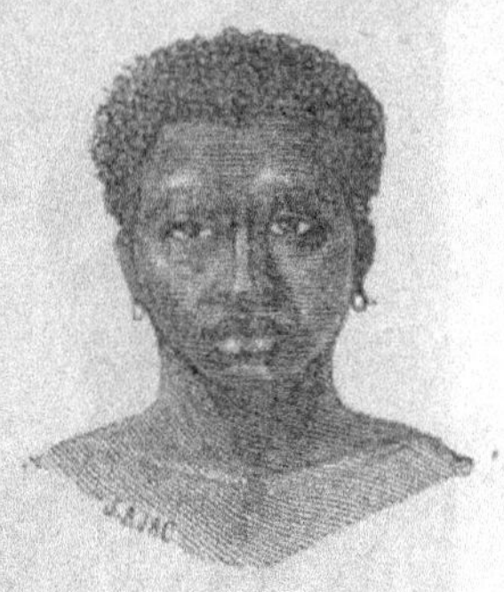

Fig. 5. — Race noire[1].

5. Les religions. — La RELIGION CHRÉTIENNE, avec ses diverses Églises, l'Église catholique, l'Église protestante, l'Église grecque, est la religion de la TRÈS-GRANDE MAJORITÉ DE LA RACE BLANCHE, et compte environ 400 millions de fidèles. Les *religions brahmanique* et *bouddhiste*, qui sont les religions dominantes de la *race jaune*, comptent environ 600 millions de fidèles; l'*islamisme* compte environ 90 millions de fidèles; le *judaïsme*, environ 6 millions. Les autres habitants du globe pratiquent des cultes grossiers que nous désignons sous le nom commun de *paganisme*.

6. Les océans. — La vaste étendue de la mer se divise en CINQ OCÉANS, comme les terres se divisent en cinq parties du monde.

1° et 2° Deux océans glacials situés aux deux pôles et s'étendant *jusqu'au cercle polaire* et au delà : — l'OCÉAN GLACIAL DU NORD — et l'OCÉAN GLACIAL DU SUD. Ce sont des régions extrêmement froides, où la mer, même dans la saison la plus chaude, est toute hérissée de montagnes de glace. La navigation y est très-difficile, et nul jus-

1. Les dessins ne sont pas tout à fait de même dimension ; mais, dans la réalité, les hommes des trois races ont, à très-peu près, la même grosseur de tête.

qu'ici, malgré de nombreuses tentatives, n'a pu parvenir

Fig. 6. — Vue des régions polaires.

jusqu'au pôle. C'est le séjour des phoques, des morses, des ours blancs (voir la figure 6). Les Européens et surtout les Américains viennent y pêcher la *baleine*, le plus grand des animaux qui peuplent les mers (voir la figure 7).

Fig. 7. — Baleine (long. 20 mètres).

3° L'OCÉAN ATLANTIQUE qui s'étend du *nord* au *sud* depuis l'*océan Glacial du Nord* jusqu'à l'*océan Glacial du Sud*, entre l'*Europe* et l'*Afrique* à l'*est*, l'*Amérique* à l'*ouest*. Placé entre les deux parties du monde les plus civilisées (Europe et Amérique), il est l'océan où la navigation est la plus active.

Bordé de côtes découpées, il s'enfonce dans l'intérieur de ces côtes et y forme des mers secondaires et de grands golfes : sur les côtes d'Europe, la *mer du Nord*, la *mer Baltique*, la *Manche*, la *mer d'Irlande;* entre l'Europe et l'Afrique, la MÉDITERRANÉE; sur la côte d'Afrique, le *golfe de Guinée;* sur les côtes d'Amérique, le *golfe du Mexique* et la *mer des Antilles*.

4° L'OCÉAN PACIFIQUE, *le plus grand des cinq océans*, que le *détroit de Béring* fait communiquer avec l'océan Glacial du Nord, s'étend au *sud* jusqu'à l'*océan Glacial du Sud*, entre l'*Amérique* à l'*est*, l'*Asie*, les îles de la Sonde et l'*Australie* à l'*ouest*. Il forme plusieurs mers secondaires : au nord, la *mer de Béring;* à l'ouest, sur la côte de l'Asie, la *mer d'Okhotsk*, la *mer du Japon*, la *mer Jaune*, la *mer de Chine;* entre les îles de l'Océanie, la *mer de la Sonde*, la *mer du Corail*. Sur la côte orientale ou côte d'Amérique, beaucoup plus unie, sont le *golfe de Californie* et le *golfe de Panama*.

5° L'OCÉAN INDIEN, qui s'étend au *sud* jusqu'à l'*océan Glacial du Sud*, entre l'*Océanie* à l'*est*, l'*Asie* au *nord* et l'*Afrique* à l'*ouest*. A l'est, il communique avec l'océan Pacifique, à travers les îles de l'Océanie, par plusieurs détroits, entre autres le *détroit de Bass*, le *détroit de Torrès*, le détroit de la Sonde et le *détroit de Malacca*. Il forme au nord plusieurs mers et golfes : le *golfe du Bengale*, la *mer d'Oman*, le *golfe Persique* avec le détroit d'Ormuz, la *mer Rouge* avec le détroit de *Bab-el-Mandeb* entre l'Asie et l'Afrique.

Il y a dans les océans de grands courants ; un des plus importants est le Gulf-Stream qui, parti du golfe du Mexique, se dirige à travers l'Atlantique vers l'Europe.

7. Résumé des notions sur les continents et sur les mers. — 9° Les terres, qui occupent à peu près le quart de la superficie du globe terrestre, sont divisées en TROIS CONTINENTS et en CINQ PARTIES DU MONDE.

L'ANCIEN CONTINENT, le plus grand de tous, comprend trois parties du monde : — l'EUROPE, *la plus petite (égale au quart de l'Asie)* et relativement la plus peuplée des parties du monde ; — l'ASIE, la plus grande ; — l'AFRIQUE, unie à l'Asie par l'isthme de Suez.

10° Le NOUVEAU CONTINENT comprend une partie du monde, — l'AMÉRIQUE, presque aussi grande que l'Asie est subdivisée en : — *Amérique du Nord* — et *Amérique du Sud*, unies par l'isthme de Panama.

Le CONTINENT AUSTRAL ou *Australie* dépend de la cinquième partie du monde : — l'OCÉANIE.

11° La population de la terre est d'environ 1,400 millions d'individus. — Les principales races humaines sont : RACE BLANCHE (Europe, nord de l'Afrique, ouest de l'Asie, partie de l'Amérique), — RACE JAUNE (centre et est de l'Asie), — RACE NOIRE (centre et sud de l'Afrique, partie de l'Océanie).

12° Les principales religions sont : la RELIGION CHRÉTIENNE, professée par la *très-grande majorité de la race blanche;* la religion juive ; la religion musulmane; les religions brahmanique et bouddhiste, professées par la grande majorité de la race jaune.

13° La mer occupe presque les trois quarts de la superficie du globe et couvre une bien plus grande surface dans l'hémisphère sud que dans l'hémisphère nord. Elle est divisée en CINQ OCÉANS:

L'OCÉAN GLACIAL DU NORD — et l'OCÉAN GLACIAL DU SUD ;

14° L'OCÉAN ATLANTIQUE, situé entre l'Europe, l'Afrique, l'Amérique et les deux océans Glacials :

BIBLIOTHÈQUE NATIONALE IMPRIMÉS

— Mers et golfes : mer du Nord, mer Baltique, mer d'Irlande, Manche, Méditerranée, golfe de Guinée, golfe du Mexique, mer des Antilles ;

15° L'OCÉAN PACIFIQUE, le plus grand des cinq océans, situé entre l'Amérique, l'Asie, l'Australie et l'océan Glacial du Sud. — Mers et golfes : mer de Béring, mer d'Okhotsk, mer du Japon, mer Jaune, mer de Chine, mer de la Sonde, mer du Corail ; golfe de Californie, golfe de Panama ;

16° L'OCÉAN INDIEN, situé entre l'Australie, l'Asie, l'Afrique et l'océan Glacial du Sud ; — Mers et golfes : golfe du Bengale, mer d'Oman, golfe Persique, mer Rouge.

QUESTIONNAIRE

Quelle est l'étendue de la mer? — de la terre? — Quelles sont les parties du globe où la terre domine? — Qu'est-ce qu'un continent? — Combien y a-t-il de continents? — Nommez-les. — Pourquoi dit-on le nouveau continent? — — Quelles sont les parties du monde? — Quelle est la superficie de l'Asie? — Quelle est la proportion de grandeur de l'Europe avec l'Asie? — Montrez sur le globe (ou, à défaut de globe, sur la carte) l'Afrique, l'Australie, etc. — Dans quel hémisphère est l'Europe? — Dans quelle zone est l'Asie? — Par quelles parties du monde passe le méridien de Paris? — Quelles sont les parties du monde que traverse l'équateur? — Qu'entend-on par races humaines? — Qu'est-ce que la race blanche? — Où habite la race jaune? — Qui a vu des hommes de la race jaune? — Combien suppose-t-on qu'il y a d'habitants sur le globe? — Quelles sont les principales religions? — Combien compte-t-on de chrétiens? — Combien y a-t-il d'océans? — Pourquoi dit-on océan Glacial? — Quelles sont les limites de l'océan Atlantique? — Quelles mers secondaires forme-t-il? — Où pêche-t-on la baleine? — Où est le détroit de Béring? — Qu'est-ce que la mer d'Okhotsk, la mer de la Sonde, etc.? — Montrez le golfe Persique. — Nommez un courant marin.

TROISIÈME PARTIE

L'Europe.

1° GÉOGRAPHIE PHYSIQUE

(Suivre avec la carte de l'Europe physique sous les yeux et regarder attentivement, en lisant le texte développé, la direction des chaînes de montagnes, direction et les détours des fleuves.

8. Les limites. — L'Europe, dont la largeur, de la pointe de Saint-Mathieu aux monts Oural est d'environ 4,000 kilomètres, est bornée au nord par l'OCÉAN GLACIAL, à l'ouest par l'OCÉAN ATLANTIQUE, au sud par la MÉDITERRANÉE et la chaîne du *Caucase*, à l'est par l'ASIE, dont la séparent la *mer Caspienne*, le fleuve Oural et les *monts Oural*. Elle a à peu près la forme d'une figure géométrique à six côtés, dont le côté nord irait de l'embouchure du fleuve Kara au cap Nord, le côté nord-ouest du cap Nord au cap Saint-Vincent, le côté sud du cap Saint-Vincent au cap Matapan, le côté sud-est du cap Matapan à la pointe orientale du Caucase, le côté est de l'extrémité du Caucase au fleuve Kara.

9. Les mers et les côtes de l'océan Glacial. — Les côtes de l'océan Glacial, en Europe comme dans les autres parties du monde, sont très-froides et très-peu habitées; l'océan Glacial s'y enfonce très-profondément en formant la *mer Blanche*. La Nouvelle-Zemble, située sur la limite de l'Europe et de l'Asie, est la plus grande île, et le cap Nord, au nord de la Norvége, le principal cap de cette région.

10. Les mers et les côtes de l'océan Atlantique. — Dans l'océan Atlantique sont trois grandes îles : *Islande*, dont le nom signifie terre de glace, située à l'extrémité nord-ouest de l'Europe, et les deux ILES BRITANNIQUES, *Grande-Bretagne*, terminée au sud-ouest par le cap Land's-end [1], et *Irlande;* la *mer d'Irlande* les sépare.

Entre la Grande-Bretagne et le continent est la MER DU NORD, peu profonde, mais très-poissonneuse.

La partie du continent qui limite à l'est la mer du Nord est composée de deux presqu'îles : au nord, la grande PRESQU'ILE SCANDINAVE, dont les côtes sont élevées, rocheuses et découpées par un très-grand nombre de baies étroites et profondes; au sud, la *presqu'île du Jutland*, dont la côte est généralement basse.

Ces deux presqu'îles sont séparées par une suite de détroits, Skager-rak, Kattégat, Sund, et par le groupe des *îles Danoises;* elles séparent elles-mêmes la mer du Nord de la MER BALTIQUE, mer tout intérieure, qui forme deux grands golfes, celui de Bottnie au nord et celui de Finlande à l'est, et qui ne communique avec le reste de l'océan Atlantique que par la suite des *détroits de la Baltique*. Les côtes méridionales de la mer Baltique et de la mer du Nord sont généralement très-basses et, sur divers points, marécageuses.

Entre la Grande-Bretagne et le continent (France) est la *Manche* (c'est-à-dire bras de mer), qui communique avec la mer du Nord par le détroit nommé *Pas de Calais* (c'est-à-dire passage de Calais). Dans la Manche s'avance la presqu'île du Cotentin; une autre presqu'île, la *Bretagne*, hérissée de roches granitiques et terminée par la *pointe de Saint-Mathieu*, sépare la Manche du *golfe de Gascogne*.

1. Prononcez Landzende, ce qui signifie fin de la terre.

Au sud, la péninsule hispanique limite de ses côtes montagneuses le golfe de Gascogne; elle projette à l'ouest, dans l'océan Atlantique, deux pointes : le cap Finistère et le cap Saint-Vincent.

11. La Méditerranée et ses côtes. — Au sud de la péninsule ibérique est le DÉTROIT DE GIBRALTAR, qui sépare l'Europe de l'Afrique et qui est le seul passage par lequel l'océan Atlantique communique avec la Méditerranée : c'est, par conséquent, un détroit très-fréquenté par la navigation.

La partie comprise entre la *péninsule ibérique* et la *péninsule italique* s'appelle *bassin occidental* de la Méditerranée; au nord de ce bassin s'ouvrent le *golfe du Lion*, avec ses côtes basses, et le *golfe de Gênes*, avec ses côtes dominées par de hautes montagnes; dans ce bassin, on trouve l'archipel des *îles Baléares* et les trois grandes îles montagneuses de CORSE, de SARDAIGNE et de SICILE; un étroit passage, le phare de Messine, sépare celle-ci de l'Italie.

La partie comprise entre la Sicile et l'Asie s'appelle *bassin oriental* de la Méditerranée, lequel forme plusieurs mers secondaires. Entre la péninsule italique et la *péninsule hellénique*, la troisième péninsule de l'Europe méridionale est la MER ADRIATIQUE, dont les côtes, à l'exception de la partie nord-ouest, sont, en général, hautes et montueuses; — entre la Sicile à l'ouest, la péninsule hellénique et le Péloponèse, presqu'île qui forme le sud de la péninsule hellénique et qui se termine elle-même par le cap Matapan, est la MER IONIENNE, avec l'archipel des *îles Ioniennes;* — entre la péninsule hellénique et l'Asie est la MER ÉGÉE ou Archipel, toute semée d'îles : *île de Crète, archipel des Cyclades, île d'Eubée.*

Au nord-est de la mer Égée, deux détroits, dont la beauté est renommée, le *détroit des Dardanelles* et le *canal de Constantinople*, entre lesquels est la petite *mer de Marmara*, conduisent dans la MER NOIRE, redoutable par se tempêtes ; — au nord de la mer Noire est la *mer d'Azow*, petite et très-peu profonde ; la presqu'île de Crimée la sépare de la mer Noire proprement dite.

12. La mer Caspienne. — La MER CASPIENNE, dont les côtes européennes sont partout basses, semées d'îles, et dont l'eau a peu de profondeur dans la partie septentrionale, ne communique avec aucune autre mer.

13. Les Alpes. — La partie la plus importante du relief du sol, en Europe, est la région alpestre. La chaîne des ALPES se développe, au nord de la péninsule italique, sous la forme d'un arc de cercle, de la Méditerranée jusqu'à Vienne au bord du Danube, sur une étendue de 1,500 *kilomètres*.

Elle commence sur la côte du golfe de Gênes, au col de Cadibone, et, jusqu'à l'extrémité du mont *Blanc*, elle est désignée sous le nom d'ALPES OCCIDENTALES, lesquelles servent de limite entre la France et l'Italie. Dans cette partie de la chaîne, on trouve le *mont Viso*, le col du *mont Cenis*, et, non loin à l'ouest du mont Cenis, le tunnel du chemin de fer de France en Italie, puis, au nord, le MONT BLANC, la plus haute montagne de l'Europe, dont le sommet, tout couronné de neige, s'élève à 4,810 mètres au-dessus du niveau de la mer. Aux Alpes occidentales se rattachent de nombreux rameaux qui couvrent le sud-est de la France.

A l'ouest du mont Blanc commencent les ALPES CENTRALES, qui s'étendent jusqu'au col dit Brenner. Les Alpes centrales, plus encore que les Alpes occidentales, présentent une longue suite de hauts sommets couverts de vastes manteaux de neige, d'où descendent, dans d'étroites vallées, des glaciers, semblables à des fleuves tout à coup congelés ; partout où la pente est trop rapide pour que la neige tienne, ce sont des aiguilles de granit se dressant comme des clochers de cathédrales ou comme des murailles de roc abrupt. Au-dessous des neiges et quelquefois au milieu des neiges commencent les pâturages, avec quelques chalets pour les pâtres qui gardent les moutons et les bœufs; puis, plus bas, les sombres forêts de sapins et de mélèzes, les torrents qui, au fond des vallées, grondent et écument sur les rocs éboulés, et se précipitent parfois en cascades du haut d'un rocher. Entre quelques-uns des sommets s'ouvrent des cols praticables aux voitures : le Simplon, le Saint-Gothard, etc. Le *mont Cervin*, le *mont Rose*, presque aussi élevé que le mont Blanc, le *Bernina*, en sont les principaux sommets.

Fig. 8. — Paysage alpestre (la chaîne des Alpes Bernoises, Jungfrau, etc., vue de la petite Scheideck). Hauteur des sommets, environ 4,000 mètres au-dessus du niveau de la mer, le sol de la petite Scheideck étant déjà à 2,000 mètres.

Aux Alpes centrales se rattachent de nombreux rameaux, entre autres la chaîne pittoresque des *Alpes Bernoises* (voir la figure 8), presque aussi haute que la chaîne principale.

A partir du Brenner, le col le plus bas de la chaîne, la chaîne des Alpes, qui, dans les Alpes centrales, s'étendait déjà par ses rameaux sur une grande partie de la

Suisse, se divise en deux branches principales : les *Alpes Noriques*, renfermant le *massif des Tauern* et se dirigeant vers l'est jusqu'au bord du Danube à Vienne, et les *Alpes Carniques* qui, se recourbant au sud, achèvent d'envelopper la péninsule italique ; les unes et les autres font partie des ALPES ORIENTALES.

14. Les chaînes au sud des Alpes. — Les Alpes se continuent au sud par une chaîne bien moins élevée, celle des APENNINS, qui forme l'arête de l'Italie et qui la parcourt dans toute sa longueur. — Les montagnes de la Corse, de la Sardaigne et de la Sicile appartiennent à ce groupe, dans lequel il y a deux volcans, en Sicile l'ETNA, en Italie le VÉSUVE, dont une éruption récente, en 1872, a englouti des villages sous des torrents de lave.

15. Les chaînes à l'ouest des Alpes. — Au nord-ouest des Alpes, au delà de la plaine de la Suisse, est la chaîne du JURA, bien moins élevée et d'un aspect tout autre que les Alpes. — Au nord-ouest du Jura sont les VOSGES ; — à l'ouest du Jura, au delà de la plaine de la Saône, les CÉVENNES ; — au sud-ouest des Cévennes, les PYRÉNÉES, une des chaînes les plus élevées de l'Europe après les Alpes.

La péninsule ibérique, dont les Pyrénées forment la limite septentrionale, est composée en grande partie d'un haut plateau, le PLATEAU DE CASTILLE, sillonné et bordé par plusieurs chaînes qui en font une contrée très-montagneuse, et qui séparent presque complétement le Portugal de l'Espagne ; — au sud se trouve la haute chaîne dite SIERRA NÉVADA. — La péninsule n'a guère de plaines que dans le voisinage des côtes.

16. Les chaînes à l'est et au nord des Alpes. — Les Alpes Carniques se continuent au sud-est par plusieurs chaînes ou massifs de montagnes confusément accumulés, qui occupent la plus grande partie du territoire de la péninsule hellénique. La chaîne des BALKAN, orientée de l'ouest à l'est, la *chaîne du Pinde*, orientée de l'ouest à l'est, du nord au sud, qui se continue jusque dans le Péloponèse, sont au nombre des principales chaînes de cette région.

Au nord des montagnes de la péninsule et séparée d'elles seulement par un étroit défilé où coule le Danube, commence la longue chaîne des KARPATHES, qui forme un grand arc depuis les bords du Danube jusque vers la source de l'Oder.

Entre les Karpathes et les Alpes s'étend la grande et basse *plaine de Hongrie*. — Au nord-ouest des Karpathes est le *massif de la Bohême* composé de deux chaînes à l'est et à l'ouest de plateaux; à l'ouest du massif boisé de la Bohême sont les montagnes dites *forêt de Thuringe*, qui se continuent sous divers noms jusqu'aux bords du Rhin; au sud-ouest, la FORÊT NOIRE, qui court parallèlement aux Vosges.

Au nord de la forêt de Thuringe et des chaînes qui en sont la suite, s'étend, jusqu'à la Baltique et à la mer du Nord, la vaste et basse PLAINE DE L'ALLEMAGNE DU NORD ET DES PAYS-BAS, qui comprend une grande partie de la Belgique et le nord-ouest de la France.

17. Les montagnes de la Grande-Bretagne et de la Scandinavie. — L'*Irlande* est une plaine. — Dans la Grande-Bretagne dominent aussi les plaines; cependant les montagnes, d'ailleurs médiocrement élevées, dominent dans le *pays de Galles* et dans une partie de l'Écosse (*monts Cheviot* et *monts Grampian*).

La Scandinavie est traversée du nord au sud par les ALPES SCANDINAVES, qui forment de vastes plateaux de granit profondément découpés sur la côte de l'Atlantique et recouverts çà et là de vastes étendues de neige.

18. La plaine orientale et les chaînes de la frontière d'Asie. — Toute la partie orientale de l'Europe, c'est-à-dire plus de la moitié de l'Europe entière, n'est qu'une *immense plaine*, marécageuse sur quelques points (marais du Pripet), et dont une des principales élévations, le *plateau de Valdaï*, atteint à peine 350 mètres : c'est la PLAINE DE RUSSIE.

A l'orient et au sud-est de cette plaine sont deux chaînes situées sur la limite de l'Europe et de l'Asie : l'une longue et peu élevée, les MONTS OURAL ; — l'autre très-haute et dépassant par plusieurs de ses sommets, entre autres par le *mont Elbrouz*, l'altitude du mont Blanc, le CAUCASE.

19. Le Rhône, le Rhin, le Danube et le Pô. — Les Alpes sont la plus importante ligne de partage des eaux en Europe. Leurs gigantesques sommets, arrêtant les nuages, reçoivent plus de pluie qu'aucune autre région européenne; de leurs glaciers et de leurs hautes vallées descendent un nombre considérable de torrents, de rivières, et plusieurs grands fleuves.

Dans les Alpes centrales, à l'ouest du massif du Saint-Gothard, un large et impétueux torrent sort d'un des grands glaciers de la Suisse et coule vers l'ouest dans une longue vallée que bordent les Alpes centrales au sud, et les Alpes Bernoises au nord : c'est le RHONE. A l'extrémité de la vallée, le fleuve, arrêté par le Jura qui lui barre le passage, forme un lac profond, le LAC DE GENÈVE, d'où il sort ensuite en se frayant un étroit passage à travers les rochers. Arrêté une seconde fois par les Cévennes, au confluent de la *Saône*, il se recourbe brusquement au sud et se jette dans la mer après avoir reçu presque toutes les rivières du versant ouest des Alpes occidentales.

Sur le versant oriental du massif du Saint-Gothard, le RHIN naît de plusieurs torrents; il coule en se recourbant vers le nord, et forme le *lac de Constance;* puis il s'infléchit à l'ouest pour contourner le pied de la forêt Noire, et reçoit l'*Aare*, qui lui apporte les eaux de presque tous les *lacs de la Suisse;* à Bâle, le fleuve, arrêté par les Vosges, change de direction, coule vers le nord, entre la forêt Noire et les Vosges, dans la plaine de l'Alsace; puis il reçoit sur sa rive droite le *Main*, rivière allemande, sur sa rive gauche la *Moselle*, rivière en partie française, et coule pendant quelque temps entre des rives escarpées et pittoresques; il se jette dans la mer du Nord en partageant son cours en diverses branches au milieu de la plaine basse des Pays-Bas.

A l'est du Rhin et à peu de distance de ses sources, naît une grande rivière, l'*Inn*, qui coule vers le nord-est dans une profonde et belle vallée, et se jette, au sortir de la région alpestre, dans le DANUBE. Le Danube lui-même, le plus grand fleuve de l'Europe centrale, a sa source dans la forêt Noire ; il coule dans la direction de l'est jusque dans la plaine de Hongrie ; puis il se replie brusquement au sud pour s'échapper ensuite à l'est par l'étroit défilé creusé entre les Karpathes et les montagnes de la péninsule hellénique. Avant de sortir de la plaine de Hongrie, il reçoit sur sa rive droite toutes les rivières qui naissent dans les Alpes orientales et qui coulent dans les vallées formées par leurs longs rameaux, la *Drave*, la *Save*, etc. ; il se jette par plusieurs embouchures dans la mer Noire.

Sur le versant oriental des Alpes occidentales, au mont Viso, prend sa source le Pô, qui coule de l'ouest à l'est, recueille les eaux de tous les torrents et de tous les *lacs du versant méridional des Alpes centrales*, entre autres celles du *Tessin*, rivière sortant du versant méridional du Saint-Gothard ; le Pô se jette dans la mer Adriatique en mêlant ses eaux à celles de l'*Adige*, venu aussi des Alpes.

Les Alpes envoient ainsi leurs eaux dans les quatre directions opposées : sud-ouest (mer Méditerranée), nord (mer du Nord), est (mer Noire), sud (mer Adriatique).

20. Les autres fleuves du bassin de l'océan Atlantique. — Entre le détroit de Gibraltar et le Rhin sont :

1° Les fleuves de la péninsule ibérique, *Guadalqui-*

vir, *Guadiana*, TAGE, *Douro*, qui traversent une contrée trop montagneuse pour être navigables sur une grande étendue;

2° Les fleuves de la France, la GIRONDE qui naît au val d'Aran sous le nom de *Garonne*, arrose Toulouse, Bordeaux, la riche plaine du sud-ouest de la France, et prend le nom de Gironde à partir de son confluent avec la *Dordogne*; — la LOIRE, qui prend sa source dans les Cévennes, arrose une grande partie de la France centrale, reçoit l'*Allier* et se jette dans la mer après avoir baigné Nantes; — la SEINE, qui prend sa source sur le plateau de Langres, arrose Paris, Rouen et le Havre; — l'*Escaut*, dont le cours supérieur seul appartient à la France et qui baigne Anvers; — la MEUSE, qui coule dans une vallée étroite, arrose la France, la Belgique et les Pays-Bas et confond ses embouchures avec celles du Rhin.

3° Les fleuves des Iles Britanniques, Shannon dans l'Irlande, Severn et Tamise dans la Grande-Bretagne.

(La Tamise, l'Escaut, la Meuse et le Rhin se jettent dans la mer du Nord; la Seine se jette dans la Manche; la Gironde, dans le golfe de Gascogne; les autres se jettent directement dans l'océan Atlantique.)

Entre le Rhin et la presqu'île du Jutland sont des fleuves qui coulent, comme le Rhin, dans la direction du nord-ouest et qui complètent l'ensemble des cours d'eau de l'Europe centrale; ce sont le *Wéser*, l'ELBE, qui se jettent dans la mer du Nord; — l'ODER et la VISTULE, qui se jette sur la côte méridionale de la Baltique.

Sur la côte orientale de la Baltique, les deux principaux fleuves, la *Dvina occidentale* et la *Néva* qui sert d'écoulement au lac *Onéga* et au lac LADOGA, le plus grand lac de l'Europe, naissent dans la plaine de Russie et appartiennent à une contrée qui diffère beaucoup de l'Europe centrale.

La Scandinavie n'a pas de grands fleuves; mais elle a de nombreux et beaux lacs : *lac Wenern*, *lac Wettern*.

21. **Le bassin de l'océan Glacial.** — L'océan Glacial reçoit de la plaine de Russie des fleuves peu importants parce qu'ils coulent dans une région glacée; la *Dvina septentrionale* est le principal.

22. **Le bassin de la Caspienne.** — La mer Caspienne reçoit, des monts Oural, le fleuve *Oural*, limite de l'Europe et de l'Asie, et le VOLGA, le plus grand de tous les fleuves de l'Europe, qui prend sa source au plateau de Valdaï et coule d'un cours sinueux dans la grande plaine de Russie où il reçoit de nombreux affluents.

23. **Les autres fleuves du bassin de la Méditerranée.** — La grande plaine de Russie envoie dans la direction du sud d'autres cours d'eau considérables : le DON, qui se jette dans la mer d'Azow ; — le DNIÉPER, qui se jette dans la mer Noire. Aussi la mer Noire, qui reçoit en outre le Danube, a-t-elle toujours un trop-plein d'eau qui s'écoule par le Bosphore et qui y produit un fort courant.

Les trois péninsules de l'Europe méridionale ont, au contraire, après le Pô et l'Adige, peu de fleuves dignes d'être nommés : dans la péninsule hellénique, la *Maritza*, qui se jette dans la mer Égée ; — dans la péninsule italique, le *Tibre*, qui arrose Rome ; dans la péninsule ibérique, l'*Èbre*, qui, comme le Tibre, se jette dans le bassin occidental de la Méditerranée.

24. **Les plantes.** — Le sol de l'Europe est généralement assez bien cultivé et rend *beaucoup de* CÉRÉALES ; cette abondance est d'ailleurs nécessaire pour nourrir une population nombreuse. Le *nord de l'Europe*, presqu'îles scandinave et danoise, plaine de Russie, donne surtout de l'*avoine*, plante qui peut pousser durant les courts étés de cette région ; la plaine de l'*Allemagne du Nord* est la contrée où dominent la culture du *seigle* et celle de la *pomme de terre*, très-cultivée aussi en Irlande ; les vallées de l'Escaut, de la Seine, de la Loire, de la Garonne, du Danube et du Dniéper sont les contrées où

domine le FROMENT; le maïs ne se plaît que dans le sud.

Le nord-ouest du continent européen produit une grande quantité de betteraves; le bassin de la Dvina occidentale sud fournit beaucoup de *lin*.

Le houblon vient surtout en Angleterre, en Bavière, en Bohême.

La VIGNE ne pousse nulle part aussi bien qu'en *France;* les péninsules du sud de l'Europe et la Hongrie viennent à cet égard au second rang.

L'olivier, l'oranger, le mûrier sont des arbres qui, ayant besoin d'une grande chaleur, ne donnent leurs fruits que dans le voisinage de la Méditerranée.

Les FORÊTS, surtout les forêts de pins et de sapins, couvrent de très-vastes étendues dans tout le *nord* de l'Europe (la péninsule scandinave et la moitié septentrionale de la plaine de Russie), dans l'Autriche, la Hongrie et l'Allemagne du Nord.

25. Les animaux. — Dans toutes les parties de l'Europe on trouve des animaux de ferme, parce qu'ils sont indispensables à l'agriculture et à la nourriture des hommes, comme on trouve partout des céréales. Certaines régions sont privilégiées à cet égard. Le NORD-OUEST DE L'EUROPE est la partie du globe où, proportionnellement à l'étendue du territoire, on élève le plus de CHEVAUX et de BŒUFS. L'Angleterre, la France, l'Allemagne du Nord, la Hongrie ont des chevaux renommés; l'Autriche, la Hongrie, la France ont beaucoup de gros bétail; les Pays-Bas, l'Angleterre, la Suisse nourrissent dans leurs pâturages des bœufs très-estimés et fabriquent beaucoup de fromages avec le lait de leurs vaches.

Le *sud-est de l'Europe* (Hongrie et Russie méridionale) nourrit beaucoup de *moutons*.

Dans l'extrême nord de l'Europe, on trouve le *renne*, animal des régions boréales, que les Lapons attellent à leurs traineaux et dont ils boivent le lait. Dans l'extrême sud, à Gibraltar, on trouve quelques singes, animaux qui ne vivent guère à l'état sauvage que dans les régions tropicales.

26. Résumé de la géographie physique de l'Europe. — 17° L'Europe est bornée par l'OCÉAN GLACIAL, l'OCÉAN ATLANTIQUE, la MÉDITERRANÉE et l'ASIE. — Elle se termine, au sud, par les grandes péninsules ibérique, italique et hellénique.

18° L'océan Glacial forme la *mer Blanche*.

L'océan Atlantique forme la *mer du Nord*, la *mer Baltique*, avec les détroits qui la réunissent à la mer du Nord ; la mer d'Irlande, la *Manche* avec le détroit du Pas de Calais, le golfe de Gascogne. —Les îles sont : les îles Danoises, l'*Islande* et les *Iles Britanniques* (*Grande-Bretagne et Irlande*).

19° La Méditerranée forme le golfe du Lion et le golfe de Gènes (dans le bassin occidental), la *mer Adriatique*, la *mer Ionienne*, la *mer Égée* (dans le bassin oriental), la *mer Noire* et la mer d Azow.—Ses principaux détroits sont : le DÉTROIT DE GIBRALTAR, par lequel elle communique avec l'océan Atlantique; le détroit des Dardanelles et le *Bosphore* par lesquels la mer Égée communique avec la mer Noire.

20° Ses principales îles sont : les îles Baléares, la *Corse*, la *Sardaigne*, la *Sicile*, les îles Ioniennes, a Crête, l'archipel des *Cyclades*.

La *mer Caspienne* ne communique avec aucune autre mer.

21° La principale chaîne de montagnes est la chaîne des ALPES, longue de 1,500 kilomètres, formant un arc tendu au nord de la péninsule italique, divisée en *Alpes occidentales*, qui renferment le *mont Blanc*, en *Alpes centrales*, qui renferment le mont Rose, les Alpes Bernoises, le Saint-Gothard, et en *Alpes orientales* qui comprennent les Alpes Noriques et les Alpes Carniques.

22° Au sud des Alpes, les *Apennins*; — à l'ouest, le *Jura*, les *Vosges*, les *Cévennes*, les PYRÉNÉES, le *plateau de Castille*, la *sierra Névada*;

A l'est des Alpes, les *Balkan* et les KARPATHES; au nord, le massif *de Bohême* et la forêt de Thuringe, qui se relient par diverses chaînes à la *forêt Noire*;

23° Au nord de l'Europe, les Cheviot et les Grampian, dans la Grande-Bretagne; — les ALPES SCANDINAVES, dans la Scandinavie;

A l'est de l'Europe, les *monts Oural*; — au sud-est, le CAUCASE.

24° Les principales plaines de l'Europe sont : la plaine d'Irlande, la grande *plaine de l'Allemagne du Nord et des Pays-Bas*, qui s'étend également sur la Belgique et le nord-ouest de la France; — la plaine de Hongrie; — l'immense PLAINE DE RUSSIE.

25° Les eaux qui descendent des Alpes s'écoulent dans quatre directions différentes, par quatre grands fleuves : au sud-ouest, par le RHÔNE, qui reçoit la Saône; au nord, par le RHIN, qui reçoit le Main et la Moselle; à l'est par le DANUBE, qui a lui-même sa source dans la forêt Noire, et qui reçoit l'Inn, la Drave, la Save; au sud par le *Pô*, qui reçoit le Tessin, et par l'Adige.

26° Les autres grands fleuves tributaires de l'océan Atlantique sont : le Guadalquivir, la Guadiana, le *Tage*, le Douro, dans la péninsule hispanique; — la *Gironde* ou Garonne, qui reçoit la Dordogne, la *Loire*, qui reçoit l'Allier, la *Seine*, en France, — l'Escaut, la Meuse, le Weser et l'*Elbe*, qui se jettent, comme le Rhin, dans la mer du Nord; — l'*Oder* et la *Vistule*, fleuves de l'Europe centrale qui se jettent dans la mer Baltique; — la Dvina occidentale et la Néva, fleuves de la plaine de Russie qui se jettent dans la mer Baltique.

27° La Dvina septentrionale est le principal tributaire de l'océan Glacial.

L'Oural et le VOLGA, le plus grand fleuve de l'Europe, se jettent dans la mer Caspienne.

Les autres fleuves tributaires de la Méditerranée sont : le Don, qui se jette dans la mer d'Azow; — le Dniéper, dans la mer Noire; — le Tibre et l'Èbre, dans le bassin occidental de la Méditerranée.

28° Les principaux lacs d'Europe sont : les lacs de la Scandinavie, le *lac Ladoga*, le plus grand des lacs d'Europe, et le lac Onéga, dans la plaine de Russie; les lacs de la Suisse, et particulièrement le *lac de Constance* et le *lac de Genève;* les lacs du versant méridional des Alpes.

29° L'Europe produit beaucoup de *céréales* : avoine surtout dans le nord, seigle et pommes de terre, surtout dans l'Allemagne du Nord et l'Irlande; *froment*, surtout dans la France et la Russie méridionale. — Le lin vient surtout dans le nord de la Russie; — la *vigne*, en France.

30° La Russie et la péninsule scandinave sont les pays qui ont le plus de *forêts*.

Le *nord-ouest de l'Europe* est très-riche en *chevaux* et en *bœufs*, le sud-est en moutons.

Le *renne* vit en Laponie.

2° GÉOGRAPHIE POLITIQUE

(Suivre avec la carte de l'Europe politique sous les yeux.)

27. Les États du Nord-Ouest. — 1° L'ANGLETERRE, ou plus exactement le ROYAUME-UNI DE GRANDE-BRETAGNE ET D'IRLANDE, se compose de trois anciens États réunis sous une même couronne, *Angleterre* et *Écosse* dans la Grande-Bretagne, et *Irlande.* La capitale est LONDRES, ville de plus de trois millions d'habitants, bâtie sur les bords de la Tamise, à peu de distance de la mer du Nord; cette ville peut recevoir dans ses docks (c'est-à-dire dans de grands bassins entourés de quais et de magasins) les plus gros navires, et doit sa prospérité

Fig. 9. — Vue de Londres.

à son grand commerce maritime (voir la figure 9, qui représente la Tamise jusqu'au pont où s'arrête la grande navigation maritime). Il y a beaucoup de villes très-importantes dans cette contrée riche et populeuse : *Édimbourg*, ancienne capitale de l'Écosse, bâti dans une belle situation ; *Dublin*, ancienne capitale de l'Irlande, bâti sur le bord de la mer, en face de la Grande-Bretagne ; Belfast, en Irlande, renommé pour ses toiles ; Hull et Newcastle, tous deux sur la mer du Nord ; Bristol, port près de l'embouchure de la Severn ; *Sheffield* et *Birmingham*, cités industrielles qui, bâties dans les régions où le fer abonde, travaillent beaucoup le fer et les métaux en général ; *Leeds*, qui fabrique des draps ; *Glasgow*, le grand port de l'Écosse, bâti près de l'embouchure de la Clyde ; *Manchester*, la ville la plus importante du monde pour la fabrication des étoffes de coton ; *Liverpool*, qui, bâti près de l'embouchure de la Mersey, est un des plus grands ports du monde.

La population est de 34 *millions d'habitants* ; elle est, pour la majeure partie, de *race anglo-saxonne*, laquelle est d'origine germanique ; de *culte protestant* dans la Grande-Bretagne et de culte catholique en Irlande. Elle parle l'*anglais*.

Le gouvernement est une monarchie constitutionnelle. Le Parlement, composé de deux Chambres, fait les lois, et les ministres doivent gouverner d'une manière conforme à ses vues. Les femmes peuvent régner. L'Angleterre est *une des grandes puissances de l'Europe*.

2° Le royaume des PAYS-BAS, désigné quelquefois sous le nom de royaume de Hollande (la Hollande forme deux des provinces des Pays-Bas), a pour capitales *Amsterdam* et *la Haye*, siége actuel du gouvernement ; le principal port est Rotterdam, sur la Meuse.

La population, de près de 4 millions d'habitants, est de race germanique, de culte protestant et parle le hollandais.

3° Le royaume de BELGIQUE a pour capitale *Bruxelles*, grande et belle ville, et pour villes principales Liége, siége de l'industrie des métaux, Gand, siége de l'industrie du coton, et Anvers, sur l'Escaut, le principal port du royaume.

La population, de 4 millions 1/2 d'habitants, est en majorité de race dite latine, de culte catholique et parle le français.

4° La FRANCE, qui a pour capitale PARIS, peuplé de plus de 1 million 1/2 d'habitants, bâti sur les deux rives de la Seine; remarquable par ses monuments, ses musées, son activité littéraire et scientifique, son industrie variée et florissante et son commerce; les autres grandes villes sont : Rouen, sur la Seine, centre de l'industrie du coton; Lille, en Flandre, non moins important par ses fabriques de coton, de toile, et par ses usines métallurgiques; Nantes, sur la Loire, ville commerçante; Toulouse, sur la Garonne, et Bordeaux, grand port sur le même fleuve; LYON, sur le Rhône, la seconde ville de France, riche surtout par la fabrication des soieries; *Marseille*, le principal port de la France, sur la Méditerranée.

La population de la France est de près de 37 *millions d'habitants* : elle est de *race dite latine*; elle est en grande majorité *catholique* et elle parle le *français*.

Le territoire est divisé en 86 départements et un territoire (Belfort); elle en comptait 89 avant les pertes de la guerre de 1870-1871; le gouvernement est républicain. *La France est une des grandes puissances de l'Europe.*

23. Les États du Centre. — 1° L'EMPIRE ALLEMAND, constitué en 1871 à la suite des désastres de la France, comprend plusieurs États : le ROYAUME DE PRUSSE, agrandi par des conquêtes faites sur les Allemands en 1866, et dont le roi est en même temps l'empereur allemand; — le royaume de SAXE; — le royaume de BAVIÈRE; — le royaume de WURTTEMBERG; — le *grand-duché de Bade*, etc. A l'Empire allemand est soumise aujourd'hui l'*Alsace-Lorraine*, que les Allemands nous ont enlevée dans la funeste guerre de 1870-1871. La capitale de l'Empire et de la Prusse est BERLIN (voir la figure 10, représentant l'une des entrées de Berlin), ville de plus de 970,000 habitants, ancienne capitale de la province de Brandebourg, berceau de la monarchie prussienne, mise par un canal en communication avec l'Elbe et l'Oder. Les villes principales sont : Leipsig, célèbre par

Fig. 10. — Vue de Berlin.

ses foires; *Stuttgart*, capitale du Wurttemberg; Kœnigsberg, ancienne capitale du duché de Prusse; Breslau, capitale de la province de Silésie; Cologne, ville de commerce importante sur le Rhin; *Dresde*, belle ville, capitale du royaume de Saxe; *Munich*, capitale de la Bavière, *Hambourg*, sur l'Elbe, le grand port de l'Allemagne.

La population est de 43 *millions d'habitants;* elle est pour la très-grande majorité de *race germanique* et de *culte protestant;* elle parle l'*allemand*.

Le gouvernement est monarchique; chaque État con-

Fig. 11. — Vue de Vienne.

serve une certaine indépendance dans l'administration de ses affaires particulières; mais les forces militaires et les relations politiques sont entre les mains de l'empereur. C'est *une des grandes puissances de l'Europe.*

2° L'EMPIRE AUSTRO-HONGROIS, composé des PAYS DE LA COURONNE D'AUTRICHE avec leurs diverses provinces (Autriche, Bohême, Galicie, etc.) et des PAYS DE LA COURONNE HONGROISE (Hongrie, Transylvanie, etc.). La capitale de l'Empire et de l'Autriche est VIENNE, grande et belle ville de 700,000 habitants (voir la figure 11, représentant Vienne, vue des jardins qui avoisinent le Danube), bâtie près des bords du Danube et ancienne capitale de l'archiduché d'Autriche, berceau de la monarchie; la capitale de la Hongrie est BUDAPEST. Les villes principales sont Prague, ancienne capitale de la Bohême, et Trieste, sur l'Adriatique, le grand port de l'Autriche.

La population est de plus de 38 *millions d'habitants.* Elle est de *races diverses* (germanique, magyare, slave, etc.), de *culte catholique; l'allemand* est la langue dominante.

Le gouvernement est monarchique; mais l'empereur a deux ministères et deux Parlements, l'un pour les pays de la couronne d'Autriche, l'autre pour ceux de la couronne de Hongrie. C'est *une des grandes puissances de l'Europe.*

3° La SUISSE, formée par la confédération des 22 cantons, a pour capitale fédérale *Berne*, et pour ville principale Genève, bâtie au point où le Rhône sort du lac de Genève.

La population, de près de 3 millions d'habitants, est de race dite latine (famille française et italienne) et de race allemande, de culte catholique et protestant; elle parle le français, l'italien et l'allemand.

Le gouvernement est une république fédérative. Chaque canton administre ses affaires particulières en se soumettant aux lois générales.

29. Les États du Sud. — 1° Le royaume de PORTUGAL, dont la capitale est *Lisbonne*, bâti sur le bord d'une très-belle rade, à l'embouchure du Tage.

La population est de 4 millions 1/2 d'habitants, de race dite latine (famille portugaise), de culte catholique ; elle parle le portugais.

Le gouvernement est monarchique.

2° Le royaume d'ESPAGNE, dont la capitale est *Madrid*, grande ville bâtie dans une situation peu avantageuse par la volonté du souverain qui y a fixé sa résidence. Les villes principales sont : Valence, port au débouché d'une plaine très-fertile ; Séville, dans la belle plaine de l'Andalousie, situé au sud du plateau de Castille ; Barcelone, dans la Catalogne, le principal port de l'Espagne.

La population, de 16 millions 1/2 d'habitants, est de race dite latine, de culte catholique ; elle parle l'espagnol.

Le gouvernement est monarchique. De fréquentes révolutions ont nui à la prospérité de cet État.

3° Le royaume d'ITALIE, récemment formé par la réunion ou la conquête des États de la Péninsule (royaume des Deux-Siciles, États de l'Église, etc.), a pour capitale ROME, où réside en même temps le pape ; Rome, ville bâtie sur le Tibre (voir la figure 12, représentant une partie de Rome et le pont du Tibre), a été dans l'antiquité la capitale de la République romaine et, depuis le moyen âge, le *siége pontifical ;* elle est riche en souvenirs et en monuments de toutes les époques. Les villes principales sont : Venise, sur l'Adriatique, autrefois république maritime très-florissante ; Florence, ancienne capitale de la Toscane ; Gènes, qui donne son nom au golfe, autrefois république maritime rivale de Venise ; Palerme, ancienne capitale de la Sicile ; Turin, ancienne capitale des États sardes ; *Milan*, ancienne capitale de la Lombardie, bâti dans une des plus riches plaines de l'Europe ; *Naples*, ancienne capitale du royaume des Deux-Siciles, la ville la plus peuplée de l'Italie.

La population est de près de 28 *millions d'habitants*. Elle est de race dite latine, de *culte catholique*; elle parle l'*italien*.

Le gouvernement est une monarchie constitutionnelle. C'est aujourd'hui *une des grandes puissances de l'Europe*.

Fig. 12. — Vue de Rome.

4° Le royaume de GRÈCE, dont la capitale est *Athènes*, ville illustre dans l'antiquité.

La population, de 1 million 1/2 d'habitants, est de race hellénique et de culte grec; elle parle le grec.

Le gouvernement est une monarchie constitutionnelle.

5° L'EMPIRE OTTOMAN, dont une partie seulement, la *Turquie d'Europe*, est en Europe, a pour capitale CONSTANTINOPLE, ville de près d'un million d'habitants, bâtie autrefois par Constantin, empereur romain, dans une admirable situation, sur la rive septentrionale du Bosphore (voir la figure 13, représentant Constantinople, vu du Bosphore). Les villes principales sont Andrinople, dans la belle plaine de la Maritza, et Salonique, port de mer.

La population, de 8 millions 1/2 d'habitants, est de races diverses (races turque, hellénique et slave), de culte grec et musulman ; elle parle le turc, le grec, le slave.

Fig. 13. — Vue de Constantinople.

Le gouvernement est une monarchie absolue ; le souverain se nomme « le Sultan ».

6° La principauté de *Roumanie*, dont la capitale est *Bucarest*, et dont la population, de 5 millions 1/2 d'habitants, est de race dite latine et de culte grec.

La principauté de la *Serbie* (plus d'un million d'habitants), capitale Belgrade. Ces deux États, quoique se gouvernant par eux-mêmes, étaient, jusqu'en 1877, dans une certaine dépendance vis-à-vis de l'Empire ottoman.

30. Les États de l'Est et du Nord. — 1° L'EMPIRE RUSSE, dont une partie seulement, la RUSSIE D'EUROPE, est en Europe; mais cette seule partie a une superficie de 5 millions 1/2 de kilomètres carrés, c'est-à-dire une superficie qui est *plus de la moitié de la superficie de l'Europe entière*, et plus de dix fois la superficie de la France. Elle a pour capitale SAINT-PÉTERSBOURG, grande et belle ville, bâtie sur les bords de la Néva (voir la figure 14, représentant Saint-Pétersbourg en hiver, vu

Fig. 14. — Vue de Saint-Pétersbourg en hiver.

du pont qui donne sur la grande place) par Pierre le Grand qui voulait que la capitale de son empire fût près de la Baltique. Les principales villes sont : Odessa, le grand port de la Russie sur la mer Noire; *Varsovie*, capitale de l'ancien royaume de Pologne; *Moscou*, ancienne capitale du grand-duché de Moscou, berceau de l'Empire russe.

La population est de 85 *millions d'habitants*. Elle appartient en grande majorité à la race *slave* et au culte *grec*. Le *russe* est la langue dominante.

Le gouvernement est une monarchie absolue. C'est *une des grandes puissances de l'Europe.*

2° Le royaume de SUÈDE et le royaume de NORVÉGE, dont les capitales sont *Stockholm* au débouché du lac Mælar dans la Baltique, et *Kristiania* sur le Kattégat.

La population, de plus de 6 millions d'habitants, est de race germanique et de culte protestant; elle parle le suédois et le norvégien.

Ce sont deux États tout à fait distincts, quoique gouvernés par un même souverain. Dans l'un et dans l'autre, le gouvernement est une monarchie constitutionnelle.

3° Le royaume de DANEMARK, dont la capitale est *Copenhague*, port assez considérable, bâti sur le Sund dans l'île de Sélande.

La population, de près de 2 millions d'habitants, est de race germanique et de culte protestant; elle parle le danois.

Le Danemark, réduit de près de moitié par les conquêtes des Allemands, est une monarchie constitutionnelle.

La POPULATION TOTALE de l'Europe est de plus de 326 MILLIONS D'HABITANTS. Sur ce nombre 244 *millions appartiennent aux six grandes puissances* (Angleterre, France, Allemagne, Autriche-Hongrie, Italie, Russie).

31. Résumé des notions sur la géographie politique[1]. — 31° Les États du Nord-Ouest sont :

L'ANGLETERRE ou *Royaume-Uni de Grande-Bretagne et d'Irlande* (34 millions d'habitants), com-

1. Dans le développement qui précède sont données les capitales et les villes de plus de 100,000 habitants et Genève; dans le résumé sont données les capitales et les villes de 200,000 habitants au moins. Les villes de plus de 500,000 habitants et Rome sont représentées par des figures.

posé de l'Angleterre, de l'Écosse et de l'Irlande, capitale *Londres;* villes principales Édimbourg et Dublin, les anciennes capitales de l'Écosse et de l'Irlande, Sheffield, Leeds, Birmingham, Glasgow, Manchester, Liverpool;

32° Le royaume des *Pays-Bas*, capitales Amsterdam et la Haye;

Le royaume de *Belgique*, capitale Bruxelles;

La FRANCE, capitale PARIS, villes principales Marseille et Lyon.

Les États du Centre sont :

L'EMPIRE ALLEMAND (44 millions d'habitants), composé des royaumes de PRUSSE, de *Saxe*, de *Bavière*, de *Wurttemberg*, du grand-duché de Bade, etc., capitale Berlin; villes principales Dresde, Munich, Hambourg, Stuttgart ;

33° L'EMPIRE AUSTRO-HONGROIS (38 millions d'habitants), comprenant les *pays de la couronne d'Autriche* et les *pays de la couronne hongroise*, capitales *Vienne* et BUDAPEST;

La *Suisse* (république), capitale fédérale Berne.

Les États du Sud sont :

Le royaume de *Portugal*, capitale Lisbonne;

Le royaume d'*Espagne,* capitale Madrid;

Le ROYAUME D'ITALIE (28 millions d'habitants), capitale *Rome*, siége de la papauté; villes principales Milan et Naples;

33° Le royaume de *Grèce*, capitale Athènes ;

L'*Empire ottoman* (partie européenne), capitale *Constantinople ;*

La principauté de *Roumanie*, capitale Bucarest, et la principauté de Serbie.

34° Les États de l'Est et du Nord sont :

L'EMPIRE RUSSE (85 millions d'habitants), occupant plus de la moitié de l'Europe, capitale Saint-Pétersbourg, villes principales, Varsovie et Moscou ;

Le royaume de *Suède* et le royaume de *Norvége*, capitales Stockholm et Kristiania ;

Le royaume de *Danemark*, capitale Copenhague.

35° L'Angleterre, la France, l'Empire allemand, l'Autriche-Hongrie, l'Italie, la Russie sont les six grandes puissances de l'Europe. — Sur 326 *millions d'habitants* que compte l'*Europe entière*, elles en possèdent 244 millions.

Il y a en Europe trois races principales, qui sont elles-mêmes des subdivisions de la RACE BLANCHE : *race* dite *latine,* Français, Belges, Portugais, Espagnols, Italiens, partie des Suisses et des Roumains ; *race germanique*, Anglais, Hollandais, Allemands, Suédois, Norvégiens, partie des Autrichiens et des Suisses ; *race slave,* Russes, partie des habitants de l'Empire allemand, de l'Empire austro-hongrois, de l'Empire ottoman.

36° Les trois principales Églises de l'Europe appartiennent à la RELIGION CHRÉTIENNE : l'*Église catholique* (160 millions de fidèles), dominant en France, en Belgique, dans la péninsule ibérique, l'Italie, l'Allemagne du Sud, l'Empire austro-hongrois ; l'*Église protestante* (80 millions de fidèles), dominant dans l'Allemagne, la Grande-Bretagne, les Pays-Bas, les péninsules scandinaves, la Finlande (partie de l'Empire russe) ; l'*Église grecque* (80 millions de fidèles), dominant dans la Grèce, la Roumanie, la Russie, la Turquie. — Les autres religions (religion juive et religion musulmane) comptent beaucoup moins de fidèles.

QUATRIÈME PARTIE

L'Afrique, l'Asie, l'Océanie, l'Amérique.

1° AFRIQUE

(Suivre avec la carte d'Afrique sous les yeux.)

32. La géographie physique de l'Afrique. — L'Afrique présente, dans sa partie septentrionale, une énorme masse de terres peu découpées, et mesurant en largeur plus de 5,000 kilomètres; elle se termine dans l'hémisphère sud par un long triangle dont le cap de Bonne-Espérance est le sommet. Elle est bornée au nord par la mer Méditerranée et le *détroit de Gibraltar* qui la séparent de l'Europe; à l'ouest, par l'océan Atlantique et le *golfe de Guinée;* à l'est, par l'océan Indien, le *détroit de Bab-el-Mandeb* et la mer Rouge; elle est, de ce dernier côté, rattachée à l'Asie par l'*isthme de Suez.* — A travers cet isthme, M. de Lesseps a creusé le *canal de Suez*, canal très-important pour le commerce; par là passent les navires qui, de l'Europe méridionale, se rendent dans l'océan Indien et dans l'océan Pacifique (voir la figure 15).

La côte d'Afrique est, en général, médiocrement propice au commerce; elle offre peu de ports sur la Méditerranée, et elle est très-malsaine pour les étrangers dans la zone torride. Elle est, sur divers points, semée d'îles : la plus importante est celle de Madagascar, dans l'océan Indien.

L'intérieur de cette partie du monde se compose :

1° D'un vaste plateau, le PLATEAU AUSTRAL, élevé d'environ 1,000 mètres au-dessus du niveau de la mer, occupant tout le triangle de l'hémisphère sud, et bordé de chaînes de montagnes près des côtes.

2° Au nord-est et au nord-ouest de ce plateau sont les massifs des *monts d'Abyssinie* et des *monts de Sénégambie*.

3° Entre ces monts s'étend la plaine cultivée et peuplée du *Soudan;* au nord du Soudan est la plaine accidentée de plusieurs massifs montagneux, brûlée du soleil, en partie sablonneuse, aride, du SAHARA, c'est-à-dire du désert; on le traverse, et non sans dangers, en caravanes, c'est-à-dire en troupes nombreuses, et avec des chameaux qui portent les bagages. Le palmier qui donne les *dattes* (voir la fig. 16) est presque l'unique ressource des rares habitants de cette contrée. Au nord du Sahara, et près de la côte occidentale de la Méditerranée, est la chaîne de l'ATLAS, composée d'une suite de plateaux montagneux.

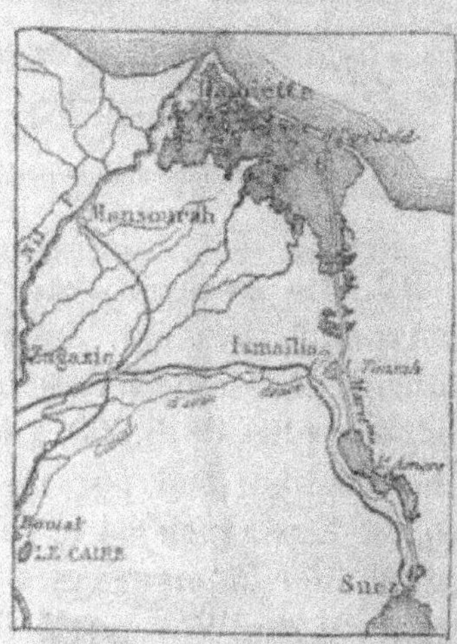

Fig. 15. — Carte du canal de Suez de Port-Saïd à Suez.

Relativement à son étendue, l'Afrique a peu de grands cours d'eau. Les principaux sont : le NIL, un des fleuves du monde les plus importants, qui sort de la région des *grands lacs* situés sous l'Équateur, et dont les sources ont été, jusqu'à la seconde moitié du XIXe siècle, cachées aux Européens; elles sont encore imparfaitement connues. Par les débordements annuels de son cours inférieur, le Nil fertilise l'Égypte qui sans lui ne serait qu'un désert; il se jette dans la Méditerranée; — le KOUARA ou *Niger*, qui arrose le Soudan et se jette dans le golfe de Guinée; — le *Zambèse* et le CONGO, qui traversent le Plateau austral et se jettent l'un dans l'océan Indien, l'autre dans l'océan Atlantique.

33. La géographie politique et les productions de l'Afrique. — La zone torride, à part quelques comptoirs de commerce que les Européens ont établis sur les côtes et États nègres du Soudan, n'est habitée que par des indigènes à demi sauvages (voir la fig. 17), vivant par tribus; l'esclavage est le fléau de ces contrées. Les principaux articles de leur commerce avec les Européens consistent en *ivoire*, qu'ils se procurent par la chasse à l'éléphant (voir la fig. 18) et à l'hippopotame, et en *graines oléagineuses*, c'est-à-dire propres à faire de l'huile, principalement en arachides (voir la fig. 19). C'est dans cette zone, sur la côte occidentale, qu'est notre colonie du SÉNÉGAL; entre autres produits, elle fournit de la gomme, dite gomme arabique.

Fig. 16. — Palmier-dattier. (Hauteur : 13 m.)

C'est aussi dans cette zone, mais au milieu de l'océan Indien et sous un climat plus favorable aux Européens, que sont notre colonie de LA RÉUNION, dont le sol produit le *sucre* et le *café*, — et celle de *Maurice*, qui appartient aux Anglais, et qui, sous le nom d'île de France, nous appartenait jadis.

Dans la zone tempérée du nord se trouvent : l'ÉGYPTE, capitale *le Caire*, port principal *Alexandrie* sur la Méditerranée, qui fait un grand commerce et dont les possessions s'étendent sur le haut Nil dans la zone tropicale; — les *États barbaresques*, à savoir : *Tripoli*, province de l'Empire ottoman, *Tunis* dépendant à certains égards, comme l'Égypte, de l'Empire ottoman, et le *Maroc*, tout à fait indépendant. — C'est dans cette zone qu'est notre possession française de l'ALGÉRIE, bordée au nord par la Méditerranée, au sud par le Sahara, et traversée par l'Atlas. Elle est divisée en trois provinces (*Oran*, ALGER, *Constantine*); elle produit de l'orge, du froment, des chênes-lièges, des orangers; elle nourrit beaucoup de moutons et renferme des mines de fer.

Fig. 17. — Village de l'Afrique australe.

Il y a dans la zone tempérée du sud des régions peuplées d'Européens; la principale, qui apppartient aux Anglais, est la COLONIE DU CAP, où l'on élève beaucoup de bétail et qui fournit à l'Europe une grande quantité de *laine*, ville principale *le Cap*.

34. Résumé de la géographie de l'Afrique. — 37° L'AFRIQUE est bornée par la *Méditerranée*, le détroit de Gibraltar, l'*océan Atlan-*

tique, *l'océan Indien*, le détroit de Bab-el-Mandeb et la *mer Rouge*, que le canal de Suez unit à la Méditerranée. — Elle est terminée, au sud, par le *cap de Bonne-Espérance*.

Fig. 18. — Éléphant. (Haut. : 3 m.)

La plus grande de ses îles est *Madagascar*.

38° Le *relief du sol* comprend : le PLATEAU AUSTRAL, les monts d'Abyssinie et de Sénégambie, la plaine du Soudan, le *Sahara* et la chaîne de l'*Atlas*.

L'Afrique possède de grands lacs; elle est arrosée par le NIL, le Niger, le *Congo* et le Zambèse.

39° Les principaux États sont : l'ÉGYPTE, villes principales le Caire et Alexandrie; les États barbaresques : Tripoli, Tunis, le Maroc.

Les principales possessions coloniales sont : l'ALGÉRIE (provinces : Oran, *Alger*, Constantine), le *Sénégal* et *la Réunion*, à la France; le Cap, à l'Angleterre.

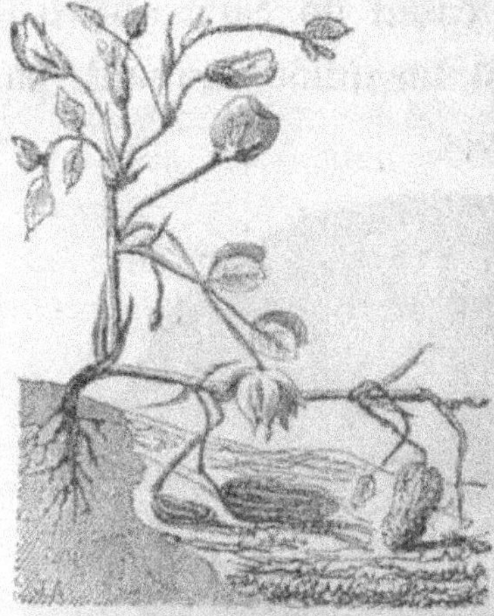

Fig. 19. — Pied d'arachides. (Haut. : 0m,30.)

40° Le coton d'Égypte, les dattes du Sahara, l'ivoire et les graines oléagineuses de la zone torride, la laine du Cap, le sucre de la Réunion et de Maurice sont les principaux produits que l'Afrique vend à l'Europe.

2° ASIE

(Suivre avec la carte d'Asie sous les yeux.)

35. La géographie physique de l'Asie. — L'Asie, la plus grande des cinq parties du monde, mesure de l'est à l'ouest, dans sa plus grande largeur, 9,800 kilomètres. Elle forme une masse de terres compactes, découpées au midi, comme l'est l'Europe, en trois péninsules : l'*Arabie*, l'*Inde* et l'*Indo-Chine*. Elle est bornée au nord par l'OCÉAN GLACIAL ; — à l'ouest, par l'EUROPE, dont la séparent les monts Oural, la mer Caspienne, la chaîne du Caucase, la mer Noire, le Bosphore, la mer de Marmara et le détroit des Dardanelles ; par la MÉDITERRANÉE, par l'isthme de Suez, la *mer Rouge* et le détroit de Bab-el-Mandeb ; — au sud, par l'OCÉAN INDIEN et par le détroit de Malacca, qui la sépare de l'Océanie ; — à l'est, par l'OCÉAN PACIFIQUE et par le *détroit de Béring*, qui la sépare de l'Amérique.

Les côtes d'Asie sont glacées et presque désertes au nord et au nord-est ; elles sont basses et très-peuplées au

Fig. 20. — Vue du Gaurisankar. (Haut. : 8,840 m.)

centre de la Chine ; en face de la côte de Chine est le groupe important des ILES DU JAPON. Elles sont escarpées au sud de la Chine, brûlantes et souvent malsaines au sud de l'Asie ; il y a, surtout sur les côtes de la Chine et de l'Inde, de grands ports de commerce.

L'Asie n'est pas seulement la plus grande, elle est

aussi la plus haute terre du monde. Elle se compose :

1° Du GRAND MASSIF CENTRAL, qui a une étendue égale à la moitié de l'Europe et une élévation au-dessus du niveau de la mer égale et même supérieure dans certaines parties à celle du mont Blanc. Il renferme au sud le *plateau du* TIBET, *le plus haut des grands plateaux du monde*, et, dans sa partie septentrionale, le vaste plateau du *grand désert de Gobi*. Le versant méridional du massif est formé par *la plus haute chaîne de montagnes qui soit sur le globe terrestre*, l'HIMALAYA, dont le nom signifie séjour de la neige, et dont le principal sommet, le *Gaurisankar* (voir la figure 20), a 8,840 mètres au-dessus du niveau de la mer, c'est-à-dire une hauteur presque double du mont Blanc. Parmi les plateaux et nombreuses chaînes qui, de divers côtés, forment les arêtes et les versants du grand massif central, les principales sont le *plateau de Pamir*, les *monts Célestes* (Thian-Chan en chinois), les *monts Altaï*, les *monts Iablonoï*.

2° Au nord du massif est l'immense *plaine* basse *de la Sibérie*.

3° A l'est s'étend la fertile *plaine de la Chine*.

4° Au sud-est, de longues chaînes séparent les vallées des fleuves ; au sud, dans l'Inde, est le plateau médiocrement élevé du *Dekhan*.

5° A l'ouest, la *plaine de Turkestan*, qui est la continuation de la plaine de Sibérie en Asie, et de la plaine de Russie en Europe ; — le *plateau de* L'IRAN, dont une grande portion est un désert ; — les MONTS D'ARMÉNIE qui renferment le mont Ararat ; le CAUCASE, limite de l'Asie et de l'Europe ; — le *plateau* d'ASIE-MINEURE ; — la *chaîne du Liban*, dont les cèdres ont servi à construire les vaisseaux des Phéniciens et le temple de Salomon ; — le *plateau d'Arabie*, tout parsemé de déserts qui sont l'effroi des Bédouins eux-mêmes.

Du massif central descendent de grands fleuves qui se jettent dans trois océans :

Dans l'*océan Glacial :* trois grands fleuves, l'*Ob*, l'Iéniséi et la *Léna ;*

Dans l'*océan Pacifique :* l'*Amour*, sur la limite de l'Empire chinois et de l'Empire russe ; — le *fleuve Jaune* (Hoang-ho, en chinois) et le FLEUVE BLEU (Yang-tsé-kiang) dont la vallée moyenne et inférieure est parfaitement bien cultivée, et renferme la population la plus nombreuse ; — le *Cambodge* ou Mé-kong, qui, dans son cours inférieur, arrose la colonie française de la Cochinchine ;

Dans l'*océan Indien :* le *Brahmapoutra*, le GANGE, le fleuve sacré des Hindous, et l'INDUS.

Le fleuve le plus important de l'Asie occidentale est l'EUPHRATE, qui reçoit le *Tigre*. — Le *Jourdain* prend sa naissance dans le Liban, coule dans une vallée située bien au-dessous du niveau de la mer, et se jette dans la mer Morte ; c'est comparativement un petit cours d'eau ; mais de grands souvenirs s'y rattachent.

36. La géographie politique et les productions. — L'Asie, malgré son étendue, ne compte qu'un petit nombre d'États importants.

Le plus important de tous est l'EMPIRE CHINOIS, dont la population est plus considérable que celle de l'Europe entière. La capitale est PÉKING, ville de plus d'un million d'habitants. Les ports dans lesquels les Européens font le plus de commerce sont *Chang-haï* et *Canton*. Ils y achètent surtout du THÉ et de la SOIE. La soie est produite principalement par le ver à soie, qui se nourrit de la feuille du mûrier (voir la figure 21), et qui a été introduit de Chine en Europe il y a environ huit cents ans. Le thé est la feuille d'un arbrisseau (voir la figure 22), que l'on prépare

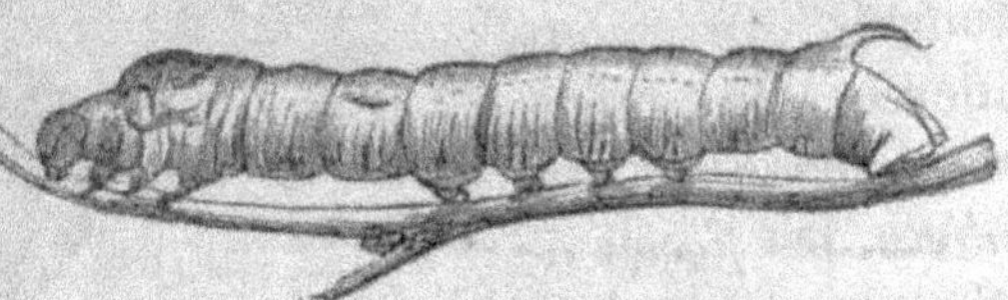

Fig. 21. (Longueur : 0m,07.)

en la faisant sécher au feu (voir la figure 23); le thé est la boisson ordinaire des Chinois. La Chine produit aussi beaucoup de coton.

Les autres États sont : le JAPON, capitale *Yédo*, tout composé d'îles et fournissant au commerce européen les mêmes articles que la Chine ; — le royaume d'*Annam*, le royaume de *Siam* et l'empire des *Birmans*, tous trois situés dans l'*Indo-Chine* et produisant beaucoup de *riz*; — la PERSE, cap. Téhéran ; — l'EMPIRE OTTOMAN, dont une moitié est en Europe; la partie située en Asie, dite *Turquie d'Asie*, fournit au commerce du *tabac*, des *éponges*, des *olives*, les *figues* de *Smyrne*. C'est dans l'Empire ottoman, entre la Méditerranée et la mer Morte, qu'est la Palestine, ou Terre sainte, avec son ancienne capitale, *Jérusalem*.

Fig. 22. — Branches et feuilles de thé. (Haut. : 0m,50.)

Les autres régions indépendantes sont occupées par des tribus de nomades ou de pasteurs, et ne constituent pas de véritables États ou pas d'États puissants ; ce sont le Turkestan, l'Afghanistan et le Béloutchistan ; l'Arabie, qui fournit de beaux chevaux, des dattes et du *café* très-estimé. Dans ces régions, ainsi que dans la Perse et dans l'Asie-Mineure, le commerce intérieur se fait par caravanes, et on emploie surtout le *chameau* pour le transport des marchandises.

Deux nations européennes ont des possessions fort étendues en Asie ; les RUSSES, maîtres des *provinces Cau-*

Fig. 23. — Préparation du thé.

casiennes, de la plus grande partie du TURKESTAN et de toute la SIBÉRIE, qui n'a guère d'importance commerciale que par ses fourrures et ses mines; — les ANGLAIS, maîtres de l'Inde, d'une partie de l'Indo-Chine et de quelques ports. CALCUTTA est la capitale de leur EMPIRE INDIEN, et *Bombay* en est le principal port. L'Inde produit en grande quantité le COTON, que l'Angleterre achète pour ses manufactures; l'*opium*, qu'elle vend aux Chinois; l'*indigo*, teinture bleue à laquelle l'Inde a donné son nom, et les *épices* (poivre, cannelle, etc.). La plante la plus cultivée, non-seulement dans l'Inde, mais dans l'Indo-Chine et la Chine, est le RIZ (voir la figure 24), qui pousse sous un climat chaud et dans des champs à demi inondés, et qui est la nourriture ordinaire des habitants de ces contrées. — Les Français possèdent dans l'Inde quelques ports : *Pondichéry*, etc., et, dans l'Indo-Chine, la COCHINCHINE.

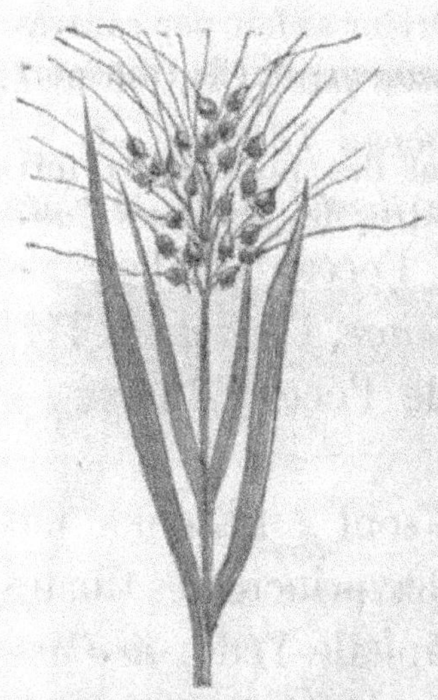

Fig. 24. — Riz. (Haut. 1m,60.)

37. Résumé de la géographie de l'Asie.

— 41° L'ASIE est bornée par *l'océan Glacial*, le détroit de Béring, l'*Europe*, la *Méditerranée*, l'*isthme de Suez*, l'*océan Indien* sur lequel elle projette trois péninsules, l'Arabie, l'Inde et l'Indo-Chine, et par l'*océan Pacifique*.

A l'est, est le groupe des *îles du Japon*.

42°, 43° et 44° Le *relief du sol* comprend : le GRAND MASSIF CENTRAL, avec le *Tibet*, le plateau le plus élevé, et l'HIMALAYA, la chaine de montagnes la plus élevée du monde entier ; les monts Célestes, les monts Altaï, etc. ; — les plateaux moins importants du Dekhan, de l'*Iran*, de l'*Asie-Mineure ;* les *monts d'Arménie*, le *Caucase*, le Liban. — La plaine de Sibérie, la plaine de Turkestan et la plaine de la Chine sont les plus grandes de l'Asie.

45° et 46° L'Asie est arrosée par l'Ob, l'Iéniséi, la Léna, tributaires de l'océan Glacial ; — par l'Amour, le fleuve Jaune, le *fleuve Bleu*, le Cambodge, qui se jettent dans l'océan Pacifique ; — par le Brahmapoutra, le *Gange*, l'*Indus*, le Tigre et l'*Euphrate*, tributaires de l'océan Indien ; — par le Jourdain.

47° Les principaux États sont : l'EMPIRE CHINOIS, capitale Pé-king, villes principales Chang-haï et Canton ; le *Japon*, capitale Yédo ; la *Perse* ; l'Empire ottoman, villes principales Smyrne et Jérusalem.

48° Les principales possessions des États européens sont : les provinces caucasiennes, une grande partie du *Turkestan* et la *Sibérie*, aux Russes ; — l'EMPIRE INDIEN, capitale *Calcutta*, ville principale Bombay, aux Anglais ; — Pondichéry et la *Cochinchine*, aux Français.

49° et 50° L'Asie orientale produit le *riz*, le THÉ, la SOIE, le coton ; l'Asie méridionale, et surtout l'Inde, produisent le RIZ, le *coton*, l'opium, l'indigo, les épices.

L'Asie occidentale produit du tabac, des éponges, des olives, des figues.

3° OCÉANIE

(Suivre tantôt avec la mappemonde, tantôt avec la carte d'Australie.)

38. **Les divisions.** — L'OCÉANIE, qui se compose du continent austral, et d'un nombre très-considérable d'îles et d'archipels semés dans l'immense étendue de l'océan Pacifique, se divise en trois parties : MALAISIE, c'est-à-dire partie habitée par les Malais ; AUSTRALASIE, ainsi nommée parce qu'elle est en quelque sorte une dépendance de l'Asie dans l'hémisphère austral (ou hémisphère sud) ; POLYNÉSIE, c'est-à-dire partie composée de beaucoup d'îles.

39. **La Malaisie.** — La plus grande île de la Malaisie est *Bornéo.*

Les principaux archipels sont : les *îles de la Sonde*, qui appartiennent presque toutes aux *Hollandais*, et dont la plus importante est *Java*, capitale *Batavia.*

Les *îles Philippines*, qui appartiennent aux *Espagnols*, et dont la capitale est *Manille.*

Ce sont des îles montagneuses, parées de la plus riche végétation de la zone torride, qui fournissent au commerce du riz, du *sucre*, du *café*, du poivre et autres *épices*, de l'*étain*, du tabac.

40. **L'Australasie.** — L'AUSTRALIE (continent austral) est la principale terre de l'Australasie ; les Anglais y ont fondé plusieurs colonies florissantes ainsi que dans la *Nouvelle-Zélande*. Il y a des mines d'OR très-importantes ; la production de la LAINE (voir la figure 25) y est plus importante encore. *Sydney* et *Melbourne* en sont les principales villes. Dans l'Australasie est la colonie française de la NOUVELLE-CALÉDONIE.

41. **La Polynésie.** — Les principaux groupes de la Polynésie sont les *îles Tahiti*, qui sont sous le protectorat français, et les *îles Hawaïi*, qui forment un royaume indigène civilisé.

42. Résumé de la géographie de l'Océanie.—51° L'Océanie est composée du plus petit des continents (l'Australie) et d'îles semées dans l'océan Pacifique; elle se divise en trois parties :

Fig. 25 — Bélier-mérinos. (Haut. : 0m,90.)

La *Malaisie*, comprenant Bornéo; les îles de la Sonde, dont la principale est Java, capitale Batavia, appartenant aux Hollandais; les Philippines, capitale Manille, aux Espagnols;

52° L'*Australasie*, comprenant l'Australie, occupée par plusieurs colonies anglaises, villes principales Sydney et Melbourne; la Nouvelle-Zélande, etc., aux Anglais; la *Nouvelle-Calédonie*, aux Français;

La *Polynésie*, comprenant Tahiti et les îles Hawaïi.

L'Océanie fournit au commerce européen du sucre, du café, des épices, du tabac, de l'*or*, de l'étain et beaucoup de *laine*.

4° AMÉRIQUE

(Suivre avec la carte d'Amérique sous les yeux.)

43. **La géographie physique de l'Amérique du Nord.** — L'AMÉRIQUE DU NORD, qui, dans sa plus grande largeur, mesure 6,400 kilomètres, rappelle à peu près la forme d'un triangle dont le sommet serait tourné vers le sud. Elle est bornée au nord par l'OCÉAN GLACIAL; à l'ouest par le détroit de Béring et l'OCÉAN PACIFIQUE; à l'est, par l'OCÉAN ATLANTIQUE. Au sud-est, le *golfe du Mexique* et la *mer des Antilles* pénètrent en quelque sorte dans l'intérieur de l'Amérique du Nord, qui se rétrécit de plus en plus vers le sud jusqu'à l'isthme de Panama.

La côte d'Amérique sur l'océan Glacial est glacée, stérile et déserte. Au nord s'étend, dans la direction du pôle, un immense archipel d'îles et de terres encore peu explorées par les hardis navigateurs qui ont cherché à frayer une route maritime depuis le détroit de Davis et de la mer de Baffin jusqu'au détroit de Béring (passage nord-ouest), ou à pénétrer jusqu'au pôle. La plus importante de ces terres est le *Groenland*. La continuité des glaces fait que dans ces parages on ne distingue pas en hiver la terre de la mer.

La côte d'Amérique est généralement élevée sur l'océan Pacifique, où elle forme la presqu'île de Californie; elle est basse, chaude et malsaine dans le golfe du Mexique, à l'extrémité orientale duquel est la presqu'île de Floride; elle est découpée par des baies profondes sur l'océan Atlantique où sont plusieurs des ports de commerce les plus actifs du monde. Entre le golfe du Mexique, la mer des Antilles et l'océan Atlantique proprement dit, sont l'archipel des Grandes Antilles (*Cuba*, *Haïti*, la *Jamaïque*, etc.), qui s'étend de l'ouest à l'est, et l'archipel des Petites Antilles, qui s'étend du nord au sud. Au nord-est de l'Amérique se trouve l'*île de Terre-Neuve*, avec le vaste banc sous-marin sur lequel on pêche beaucoup de *morues*.

Le relief du sol comprend :

1° Un long massif de hautes terres, composé de plateaux et de chaînes de montagnes et nommé système des Rocheuses, lequel s'étend de l'océan Glacial à l'isthme de Panama, en suivant de près la côte du Pacifique. Les montagnes Rocheuses et la Sierra Nevada en sont les chaînes principales.

Dans la partie centrale, il s'élargit en un vaste plateau généralement aride et sauvage, nommé le *Grand-Bassin*, et dans la partie méridionale il comprend le *plateau du Mexique*.

2° A l'est des montagnes Rocheuses sont la *plaine de l'océan Glacial* et de la baie d'Hudson, aussi froide et aussi déserte que la Sibérie septentrionale, et la *grande plaine*, fertile et chaque jour plus peuplée, *du Mississipi*.

3° A l'est de cette dernière plaine, les *monts Appalaches*, qui se composent de plusieurs chaînes, dont la principale est celle des monts Alleghany.

Au nord-ouest des Appalaches est la région des cinq grands lacs (lac Supérieur, lac Michigan, lac Huron, lac Érié, lac Ontario), la plus grande étendue d'eau douce qui soit sur le globe (leur superficie est égale à celle de la Grande-Bretagne); ils communiquent par des cours d'eau dont l'un, le *Niagara* (entre le lac Érié et le lac Ontario), roulant la masse des eaux venues des lacs supérieurs, tombe avec un fracas horrible d'une chute de près de 50 mètres (voir la figure 26); c'est un des plus beaux spectacles de la nature. Ils ont pour débouché dans la mer le fleuve du *Saint-Laurent*.

— Le principal fleuve de la plaine côtière de l'Atlantique est l'*Hudson*, dont l'embouchure est à New York. — Entre les Appalaches et les montagnes Rocheuses est le MISSISSIPI, un des plus grands fleuves du monde, qui se jette dans le golfe du Mexique par un vaste delta boueux, et qui reçoit, entre autres affluents, deux rivières, le Missouri et l'Ohio, beaucoup plus considérables que le plus grand fleuve de France. Du Grand-Bassin descend dans le golfe du Mexique le Rio-Grande del Norte [1] (grande rivière du nord).

Fig. 26. — Chute du Niagara.

44. Les colonies du nord de l'Amérique. — La partie septentrionale du continent américain appartient aux *Anglais;* ils y possèdent des colonies dont la plus importante, le CANADA, a été fondée et est encore en partie habitée par des Français et qui se sont unies pour former une grande confédération sous le nom de DOMINION DU CANADA [2]; *Québec* et *Montréal* en sont les villes principales. Le pays, cultivé dans la région des lacs du

1. Prononcez Rio Grandé del Norté.
2. Prononcez Dominiône, mot qui a ici à peu près le sens de confédération.

Saint-Laurent, est d'ailleurs une région de chasse qui fournit au commerce européen des *fourrures*, et dont les vas-

Fig. 27. — Vue de New York.

tes forêts donnent des *bois de construction* et de la potasse.

Près de la côte de Terre-Neuve, qui appartient aux Anglais, les Français ont deux petites îles : Saint-Pierre et Miquelon, où viennent chaque année nos pêcheurs de morues.

45. Les États-Unis. — La RÉPUBLIQUE DES ÉTATS-UNIS est le plus important des États de l'Amérique ; elle compte dans le commerce et dans la politique du monde à l'égal des plus puissants États d'Europe. Elle a un territoire aussi étendu que l'Europe entière et une population plus considérable que la France (40 millions d'habitants). Elle se compose de trente-huit *États confédérés*, avec un gouvernement central, qui réside à WASHINGTON, capitale fédérale.

Fig. 28. — Pied de maïs. (H. : 2 m.) Épi de maïs. (H. : 0m,20).

Les villes principales sont : NEW YORK, à l'embouchure de l'Hudson, ville d'un million d'habitants et un des plus grands ports du monde (voir la figure 27) ; *Boston*, *Philadelphie*, *Baltimore*, grands ports ; la *Nouvelle-Orléans*, sur le Mississipi, ville d'origine française ; *Chicago*, sur un des grands lacs, ville qui fait un commerce considérable de céréales et de viande salée ; *Saint-Louis* sur le Mississipi; Cincinnati, sur l'Ohio; *San-Francisco*, le grand port de l'océan Pacifique.

Les États-Unis, avec leur sol immense et fertile, ont une agriculture très-florissante. On récolte, dans les États du Nord et du Centre, beaucoup de CÉRÉALES, surtout du MAÏS (voir la figure 28) et du *froment*, dont on exporte (c'est-à-dire dont on porte dans les pays étrangers) une partie, soit en grains, soit en farine; on récolte aussi le TABAC (voir la figure 29) dans les États du Centre et du Sud; le riz, le sucre et surtout le COTON, dans ceux du Sud. Les graines du cotonnier sont enveloppées d'un duvet blanc qui forme de gros flocons quand le fruit est mûr (voir la figure 30); ce duvet est le coton, qu'aucune contrée ne produit en aussi grande quantité et en aussi belle qualité que les États-Unis (voir la figure 31). Le pays est également riche en forêts, en bétail, surtout en PORCS (voir la figure 32), dont on exporte la *viande salée*. Les mines produisent en abondance la houille, le *pétrole*, le fer dans la région des Appalaches, le cuivre près des grands lacs, l'OR en Californie et l'*argent* dans la région du Grand-Bassin.

Fig. 29. — Pied de tabac. (H. : 2 m.)

Les États-Unis sont sillonnés de chemins de fer; le plus long est le *chemin de fer du Pacifique* qui permet de traverser en quelques jours toute l'Amérique, de New-York à San-Francisco.

46. Le sud de l'Amérique du Nord. — Dans le sud de l'Amérique sont : la RÉPUBLIQUE DU MEXIQUE, capitale Mexico, pays célèbre par ses mines d'*argent*, par son *cacao* et par sa vanille; — les cinq petites *républiques de l'Amérique Centrale*, qui donnent des *bois d'ébénisterie*, tels que l'acajou, — et les îles dites *Antilles*, qui produisent en abondance le *sucre*, extrait de la canne à sucre, ainsi que le rhum (voir la fig. 33 représentant une canne à sucre; une partie (*a*) de tige est représentée plus grosse), le *café* et le *tabac*.

Fig 36. — Fruit du cotonnier. (H. : 0m,5.)

La plus grande des Antilles est CUBA, ville principale la Havane, qui appartient aux Espagnols. Dans les Antilles, la JAMAÏQUE appartient aux Anglais; la GUADELOUPE, la MARTINIQUE et quelques autres petites îles, aux Français.

47. La géographie physique de l'Amérique du Sud. — L'AMÉRIQUE DU SUD, qui mesure environ 5,000 kilomètres dans sa plus grande largeur, a la forme d'un triangle dont la base, très-large, serait la côte de l'océan Pacifique et dont le sommet serait le cap Saint-Roch, sur l'océan Atlantique; aux deux extrémités septentrionale et méridionale de la base sont l'ISTHME DE PANAMA, qui relie l'Amérique du Sud à l'Amérique du Nord, et le CAP HORN, qui est la pointe la plus méridionale du continent américain[1], comme le cap de Bonne-Espérance est

1. Ce cap n'est pas sur le continent lui-même, mais dans une île.

la pointe la plus méridionale de l'ancien continent.

L'Amérique du Sud est bornée à l'ouest, du côté de la base, par l'OCÉAN PACIFIQUE, à l'est par l'OCÉAN ATLANTIQUE, au nord par la *mer des Antilles*. Elle est située en majeure partie dans l'hémisphère sud.

La côte occidentale est généralement peu découpée, sablonneuse au centre, couverte de belles forêts au sud, et partout dominée par de hautes montagnes. Au sud est

Fig. 31. — Récolte du coton.

la *Terre de Feu*, séparée du continent par le tortueux DÉTROIT DE MAGELLAN. La côte de l'océan Atlantique, plus peuplée dans le Brésil qu'ailleurs, a pour principal accident le grand *estuaire de la Plata;* la côte de Guyane est généralement basse, marécageuse et malsaine.

Le relief de l'Amérique du Sud comprend :

1° Une très-haute chaîne de montagnes qui, s'étendant de la mer des Antilles au cap Horn, constitue avec la grande arête de l'Amérique du Nord la plus longue suite de chaînes qui soit sur la terre : c'est la chaîne des ANDES, laquelle s'élargit vers la partie centrale et forme le grand *plateau de Bolivie*, non moins élevé que le plateau du Thibet. Elle renferme de nombreux volcans dont plusieurs ont de 6,000 à 7,000 mètres de hauteur.

2° La GRANDE PLAINE de l'Orénoque, de l'Amazone et de la Plata, qui s'étend à l'est des Andes, sans interruption du nord au sud de l'Amérique; la partie septentrionale s'appelle *Llanos;* la partie centrale, toute boisée, s'appelle

Fig. 32. — Porc. (H. : 0m,75.)

Selvas, et la partie méridionale, tout unie, couverte de hautes herbes et propre aux pâturages, s'appelle *Pampas*.

3° Deux massifs composés de plateaux et de montagnes : le *plateau de la Guyane* au nord et le *massif brésilien* au sud, tous deux bien moins élevés que les Andes.

Trois grands cours d'eau arrosent l'Amérique du Sud et se jettent dans l'océan Atlantique : l'*Orénoque*, qui, à cause de la nature particulière du relief du sol, communique par un canal naturel avec l'Amazone ; — l'*Amazone*, ou plus exactement le FLEUVE DES AMAZONES, un des plus longs fleuves du monde (cours d'environ 6,200 kilomètres) et celui de tous qui roule le plus d'eau : il en porte à la mer plus que tous les fleuves de l'Europe ensemble. Il coule dans une immense plaine couverte de forêts vierges, c'est-à-dire de forêts presque impraticables et à peine explorées, peuplées de singes et d'autres animaux sauvages (voir la figure 34); cette plaine est largement arrosée, et même, dans certaines saisons et dans certaines parties, inondée par les pluies torrentielles de la zone torride; le fleuve y reçoit beaucoup de grands affluents, dont quelques-uns ont plusieurs kilomètres de largeur à leur confluent; — la PLATA, qui, formée de la réunion de deux grands cours d'eau, l'*Uruguay* et le *Parana*, est un estuaire si large qu'on la prendrait pour un golfe.

Fig. 33. — Canne à sucre. (H. : 3m,50.)

48. La géographie politique et les productions de l'Amérique du Sud. — L'Amérique du Sud comprend :

1° L'EMPIRE DU BRÉSIL, capitale *Rio-de-Janeiro*, la plus grande ville de l'Amérique du Sud, bâtie à la limite de la zone torride et de la zone tempérée, sur les bords d'une magnifique baie (voir la figure 35); ville principale Pernambuco, port très-fréquenté. C'est un empire très-vaste, mais encore peu peuplé, dont les forêts donnent le *caoutchouc*, les *bois de teinture*, tels que le bois de Brésil, les bois d'ébénisterie, comme le palissandre, et dont les champs cultivés produisent la *canne à sucre*, le *coton*, le *cacao*, le CAFÉ, dont chaque grain est la moitié du noyau d'un fruit assez semblable à la cerise (voir la figure 37 et

Fig. 34. — Forêt vierge du Brésil.

le fruit (*b*) à moitié coupé laissant voir les deux parties du noyau). On en fait la récolte deux fois par an (voir la figure 38). Le Brésil a des mines de diamants.

2° Les républiques qui étaient autrefois des colonies espagnoles et qui se sont rendues indépendantes de la métropole dans la première partie du XIX° siècle ; — le *Vénézuela* et les *États-Unis de Colombie*, sur la côte de la mer des Antilles, qui fournissent au commerce du *cacao*, fruit du cacaoyer (voir la figure 36, avec un fruit (*a*) coupé en deux et laissant voir les grains de cacao), qui sert à fabriquer le chocolat, du café, du sucre, de la vanille; l'*Équateur*, capitale Quito; le *Pérou*, capitale Lima;

Fig. 35. — Vue de Rio-de-Janeiro.

la *Bolivie*, capitale la Paz; le *Chili*, capitale Santiago, port principal Valparaiso, sur la côte de l'océan Pacifique, qui fournissent au commerce des métaux, *argent* et *cuivre*; la *république Argentine*, capitale *Buenos-Ayres*; le *Paraguay*, l'*Uruguay*, capitale Montevideo, qui fournissent au commerce de la LAINE, des PEAUX et des cornes, parce qu'ils nourrissent très-facilement dans leurs *pampas* un très-grand nombre de moutons et de bœufs.

3° La *Guyane*, où les Anglais, les Hollandais et les Français (*Cayenne*) ont des colonies qui produisent le sucre et le café.

49. Résumé de la géographie de l'Amérique. —

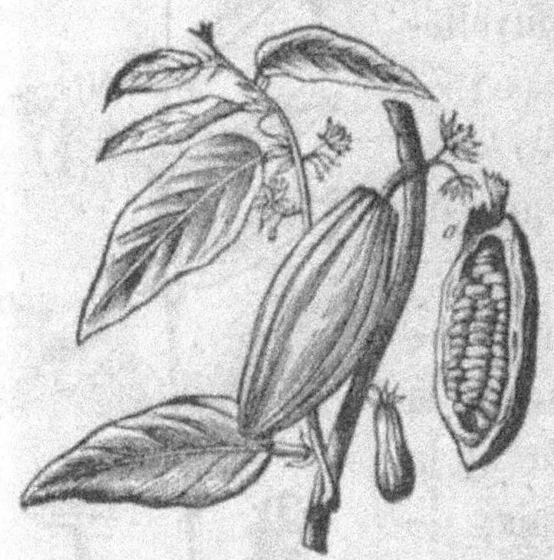

Fig. 36. — Branche de cacaoyer. (H. : 0m,27.)

53° L'AMÉRIQUE DU NORD est bornée par l'*océan Glacial*, l'*océan Pacifique*, l'*océan Atlantique*, la mer des Antilles, le golfe du Mexique et l'*Amérique du Sud*.

Les principales îles sont les *Grandes Antilles* et les *Petites Antilles* (Cuba, Haïti, la Jamaïque, etc.), Terre-Neuve et le Groenland.

54° Le *relief du sol* comprend : le SYSTÈME DES ROCHEUSES avec le plateau dit Grand-Bassin et celui du Mexique, la chaîne des monts Appalaches, les deux plaines de l'océan Glacial et du Mississipi.

Les principaux cours d'eau sont : le Saint-Laurent, qui sert de débouché aux *cinq grands lacs* et dans la région duquel est la chute du Niagara; — le MISSISSIPI, le Rio-Grande del Norte.

55° Les principaux États sont : la RÉPUBLIQUE DES ÉTATS-UNIS, composée d'États confédérés, capitale *Washington;* villes principales, *New York,* Boston, Philadelphie, la Nouvelle-Orléans, San-Francisco; — la *république du Mexique;* — Les cinq républiques de l'Amérique centrale.

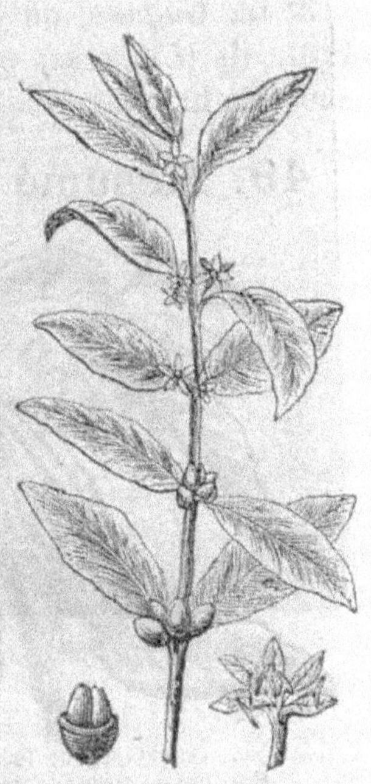

Fig 37. — Branche de caféier. (H. : 3 m.)

56° Les principales possessions coloniales sont : la *Dominion du Canada* et la Jamaïque, aux Anglais; — Cuba, aux Espagnols; — la *Guadeloupe*, la *Martinique*, etc., aux Français.

57° Le Nord fournit au commerce européen des fourrures et des bois; — les États-Unis fournissent des *céréales* (maïs, froment, etc.), du COTON, du *tabac,* des viandes salées, du pétrole, de l'or et de l'argent; — le Sud, de l'argent, des bois d'ébénisterie, du cacao, du sucre, du café et du tabac.

58° L'AMÉRIQUE DU SUD est unie à l'Amérique du

Nord par l'*isthme de Panama;* elle est bornée à l'ouest par l'*océan Pacifique*, à l'est par l'*océan Atlantique*, au nord par la mer des Antilles. —

Fig. 38. — Récolte du café.

Elle est terminée au sud par le *détroit de Magellan*, la Terre de Feu et par le *cap Horn*.

59° Le *relief du sol* comprend : la grande et haute chaîne des ANDES avec le plateau de Bolivie, les deux *massifs de la Guyane et du Brésil*, l'immense plaine des llanos, des selvas et des pampas où coulent trois grands fleuves : l'Orénoque, le FLEUVE DES AMAZONES, la Plata avec le Parana.

60° Les États sont : l'*empire du Brésil*, capitale Rio-de-Janeiro; — les républiques du Vénézuéla, de la Colombie, de l'Équateur, du Pérou, de la Bolivie, du Chili ; — la république Argentine, capitale Buenos-Ayres ; le Paraguay, et l'Uruguay.

Les Français possèdent environ le tiers de la Guyane (Cayenne).

L'Amérique du Sud fournit au commerce européen le *café*, le *sucre*, le cacao, le coton, le caoutchouc, les bois de teinture de la zone torride, la laine et les peaux dans les pampas, l'argent et le cuivre des mines des Andes.

QUESTIONNAIRE

Quelle est la forme de l'Afrique? — A quel continent appartient-elle? Pouvez-vous dessiner à peu près (sur le tableau ou sur l'ardoise) la forme de l'Afrique? — Quelles sont les bornes de l'Afrique? — Qu'est-ce que l'isthme de Suez? — Qu'est-ce que le canal de Suez? — Où est le cap de Bonne-Espérance? — Quelle est la plus grande île de l'Afrique? — De quel côté est le relief le plus important de l'Afrique? — Qui a mangé des dattes? — Où poussent les dattes? — Où est le Soudan? — Qu'est-ce que l'Atlas? — Nommez et montrez les fleuves de l'Afrique. — Quel service le Nil rend-il à l'Égypte? — Quel est le genre de vie des nègres de l'Afrique? — Quels sont les produits que le commerce tire de l'intérieur de l'Afrique? — Dire la provenance de l'ivoire? — A quoi servent les arachides? — Quelles sont les villes principales de l'Egypte? — Nommez les Etats barbaresques. — A qui appartient la colonie du Cap?

—

Quelle est la forme de l'Asie? — Quelles sont les trois péninsules qui la terminent? — Quelles sont les bornes de l'Asie? — Quel est l'aspect de la côte septentrionale de l'Asie? — de la côte méridionale?.— Qu'entend-on par le grand plateau central de l'Asie? — Décrivez-le. — Qu'est-ce que l'Himalaya? — Quelle est la hauteur de la plus grande montagne du monde? — Quelles sont les grandes plaines de l'Asie? — Nommez et montrez les plateaux secondaires. — Où sont les monts d'Arménie? — Quel est le plus grand fleuve de l'Asie? — Montrez et nommez les fleuves de l'Asie. — Où se jette le Gange? — Quel est le fleuve qui arrose la Cochinchine? — Que présente de particulier la vallée du Jourdain? — Nommez les Etats de l'Asie. — Quel est le plus grand? — Quelles sont les villes principales de la Chine? — Quels sont les principaux produits que le commerce européen en tire? — Qui a vu du thé? — A quoi sert le thé? — Comment prépare-t-on le thé? — Quel ver, très-utile, élève-t-on en Chine? — Quelle est la capitale de la Perse? — Montrez Jérusalem. — Quelles sont les productions de la Turquie d'Asie? — Quels sont les deux peuples européens qui ont le plus de possessions en Asie? — Montrez l'Inde. — Que produit-elle? — Qui a vu l'indigo? — Qu'est-ce que le riz? — Que faut-il pour que le riz pousse? — Quelles sont les colonies françaises en Asie?

—

Comment divise-t-on l'Océanie? — D'où lui vient ce nom? — D'où vient le nom de Malaisie? — Nommez les îles de la Malaisie. — Où est Batavia? — Quels sont les peuples européens qui ont des colonies dans la Malaisie? — Quels sont les produits de la Malaisie? — Où est la Nouvelle-Zélande? — Qu'est-ce que produit surtout l'Australie? — A qui appartient-elle? — Quelles sont les possessions françaises en Océanie?

—

Quelles sont les bornes de l'Amérique du Nord? — Où est le passage nord-ouest? — Qu'est-ce que le Groenland? — Quel est le caractère de la région située au nord de l'Amérique? — Quelles sont les principales presqu'îles de l'Amérique? — Tracez la direction des montagnes Rocheuses. — Qu'est-ce que le Grand-Bassin? — Quel est le caractère de la plaine du Mississipi? — Qu'entend-on par monts Appalaches? — Quels sont les cinq grands lacs? — Quel beau spectacle de la nature trouve-t-on dans cette région? — Nommez les fleuves de l'Amérique du Nord? — Quels sont les principaux affluents du Mississipi? — Qu'est-ce que la Dominion du Canada? — Quelle importance a la république des États-Unis. — Nommez et montrez sur la carte les villes principales des États-Unis. — Quelles en sont les principales productions? — A quoi sert le coton? — Montrez une étoffe faite avec du coton. — Quel pays fournit l'huile de pétrole? — D'où tire-t-on cette huile? — Quelles sont les contrées du monde qui donnent le plus de coton? — le plus d'or? — Qu'est-ce que le chemin de fer du Pacifique? — Quels sont les produits principaux du Mexique? — des Antilles? — Quels peuples ont des colonies dans les Antilles? — Dessinez à peu près le contour de l'Amérique du Sud. — Quelles en sont les bornes? — Qu'est-ce que l'isthme de Panama? — Où est le cap Horn? — le détroit de Magellan? — Qu'est-ce que la chaîne des Andes? — Nommez les grands plateaux de l'Amérique du Sud. — Où trouvez-vous un plateau aussi élevé? — Montrez la grande plaine de l'Amérique du Sud. — Citez d'autres grandes plaines dans le monde. — Nommez les fleuves de l'Amérique du Sud. — Décrivez le fleuve des Amazones. — Quels sont les plus grands fleuves du monde? — Énumérez les États de l'Amérique du Sud. — Quel océan baigne le Chili? — Quel est le plus grand des États de l'Amérique du Sud? — Quelles sont les productions du Brésil? — Avec quoi fait-on le sucre? — Qu'est-ce qu'un grain de café? — Quels sont les pays du monde qui fournissent le plus de café et de sucre? — Qu'est-ce que le cacao, et que fait-on avec le cacao? — Où est la Guyane?

PARTIE SUPPLÉMENTAIRE [1]

La Terre sainte

50. Les limites et les pays limitrophes. — La PALESTINE, ou TERRE SAINTE, est située dans le *sud-ouest de l'Asie*. Elle a une superficie d'environ 26,000 kilomètres carrés, c'est-à-dire qu'elle est vingt fois *plus petite que la France* et à peu près grande comme la Normandie. Dans l'antiquité, elle était bornée, à l'*ouest*, *par la mer Méditerranée*, par la *Phénicie* et le *pays des Philistins*, deux contrées qui occupaient, au nord-ouest et au sud-ouest de la Palestine, une partie des côtes ; elle était bornée, au *nord* et à l'*est*, par la *Syrie* et par le *désert de Syrie*, au *sud*, par le *désert d'Arabie* ou pays des Iduméens.

Sur la côte étroite de la Phénicie étaient les ports de commerce les plus florissants du monde, mille ans avant l'ère chrétienne : Sidon et *Tyr*.

Dans le désert de Syrie erraient des peuples nomades et pasteurs, entre autres les Moabites.

Dans le désert d'Arabie vivaient les Iduméens, également nomades, comme le sont aujourd'hui les Bédouins qui habitent cette contrée. C'est dans ce désert, sablonneux et stérile, que les Hébreux, après la sortie d'*Égypte* et le passage de la *mer Rouge*, errèrent pendant quarante ans. Au sud est une pointe de terre triangulaire qui borde le golfe Élanitique et le golfe de Suez : là se trouve le massif du SINAÏ (voir la fig. 39) ; c'est sur le principal

1. La géographie de la Terre sainte n'est pas comprise dans le programme officiel de géographie; mais nous l'avons maintenue ici, comme partie supplémentaire, parce que le programme d'histoire de la classe de huitième porte sur la Terre sainte et qu'il est utile que les élèves apprennent la géographie du pays dont ils étudient l'histoire.

sommet de ce massif montagneux, le mont Horeb, nommé encore aujourd'hui montagne de Moïse (djebel Mousa), que ce prophète reçut de Dieu les Tables de la loi.

51. Le relief du sol. — La Palestine se compose de DEUX MASSIFS MONTAGNEUX, séparés par une *profonde vallée*.

Le **massif occidental** se rattache au nord au mont Liban dont le sépare la gorge abrupte du Léontès. Il est

Fig. 39. — Le mont Sinaï.

partout accidenté et coupé d'étroites vallées et de ravins; les pentes, souvent même les sommets de ses montagnes, étaient autrefois cultivés. Dans la *Haute-Galilée*, la montagne la plus élevée atteint 1,200 mètres, et domine toute la Basse-Galilée située au sud, laquelle renferme le mont Thabor (env. 600 m.) et comprend les fertiles *plaines de Zabulon et de Jezrael*. Au sud de cette plaine, le territoire de la Samarie commence avec le *mont Carmel* (env. 500 m.) et le *mont Gelboé* (600 m.), et se continue par les MONTS D'ÉPHRAÏM (mont Ébal et mont Garizim, env. 800 m.).

La dernière partie du massif s'appelle MONTS DE JUDA (env. 800 mètres à Bethléem et à Hébron), qui dominent à l'ouest la riche *plaine de Séphéla* ou des Philistins, et qui descendent à l'est en pentes arides jusqu'à la mer Morte : dans cette chaîne se trouvent la *montagne du Lion* et celle *des Oliviers* que sépare la vallée de Josaphat. Au-dessus de Jéricho et de la vallée du Jourdain se dresse la montagne de la Quarantaine.

Une *profonde dépression du sol*, large de 7 à 20 kilomètres, longue de 280 kilomètres, sépare le massif occidental du massif oriental : elle s'enfonce bien au-dessous du niveau de la mer et des plaines ; car *la surface de la mer Morte est presque à 400 mètres au-dessous du niveau de la Méditerranée.* C'est la VALLÉE DU JOURDAIN. Elle est encaissée, à droite et à gauche, par des montagnes qui forment les talus des deux massifs et qui sont, à gauche du fleuve surtout, rapides et stériles, composées en partie de roches volcaniques. Au sud, dans la partie la plus basse, était la ville de Sodome, détruite par le feu du ciel.

Le **massif oriental** est en général moins accidenté que le massif occidental. Il se rattache au Grand-Hermon (2,800 m.), prolongement méridional de l'Anti-Liban. Il comprend un large plateau, puis les *monts Galaad* qui commencent au sud du ravin de l'Yarmouck, enfin les monts qui bordent à l'est la mer Morte ; dans ces derniers se trouve le *mont Nébo* d'où Moïse, avant de mourir, contempla la Terre sainte.

52. Les cours d'eau. — La Palestine n'a qu'un cours d'eau important : le JOURDAIN. Il prend naissance par quatre sources au pied du mont Hermon. En Palestine, il coule dans la longue dépression qui coupe le plateau. Il forme le lac Mérom, bordé de roseaux, et, 16 kilomètres plus loin, le LAC DE GÉNÉZARETH ou lac de Tibériade, qui est déjà à près de 200 mètres au-dessous du niveau de la Méditerranée et dont les eaux sont renommées pour l'abondance du poisson, les rives pour la beauté des sites pittoresques. Au sortir de ce lac, le fleuve descend d'abord d'un cours rapide (voir la figure 40), en suivant une gorge étroite, creusée dans la dépression même et couverte d'arbres et de gazon; puis il prend un cours lent, entre un désert à l'est et une plaine autrefois fertile à l'ouest (plaine de Jéricho, etc.). Il se jette dans la MER MORTE ou *lac Asphaltite*.

Fig. 40. — Vue du Jourdain.

Ce lac, long de 65 kilomètres, doit son nom à l'asphalte que ses eaux renferment en grande quantité et qui ne permet à aucun poisson d'y vivre; ses bords sont stériles et tristes; la chaleur y est très-forte. La profondeur est, sur quelques points, de 350 mètres; et, comme la surface est déjà à 400 mètres au-dessous de la Méditerranée, cette partie est la plus grande dépression du sol que l'on connaisse au milieu des continents.

Les affluents du Jourdain sont des torrents; les principaux sur la rive gauche sont : l'Yarmouck, le Jahbok, l'Arnon, qui se jette dans la mer Morte et qui est de ce côté la limite méridionale de la Palestine.

Les cours d'eau tributaires de la Méditerranée sont le Kison, qui arrose la plaine d'Esdrelon et plusieurs autres torrents qui ne tarissent jamais.

53. Les tribus, les royaumes et les provinces. — La PALESTINE était primitivement habitée par des tribus chananéennes, et désignée sous le nom de *terre de Chanaan*. Après la conquête, Josué partagea le territoire entre les DOUZE TRIBUS. Trois eurent les terres à l'EST DU JOURDAIN : RUBEN au sud, GAD au centre et la DEMI-TRIBU DE MANASSÉ au nord, dans les pâturages de l'Yarmouck. Les autres eurent les terres du MASSIF OCCIDENTAL : JUDA, SIMÉON, BENJAMIN et DAN, au sud ; au centre, ÉPHRAÏM, la DEMI-TRIBU DE MANASSÉ et ISSACCAR ; au nord, ZABULON, ASER et NEPHTALI qui possédait les deux rives du Jourdain supérieur.

David et *Salomon* étendirent, par leurs victoires, la domination des Hébreux jusqu'au *golfe Élanitique* au sud, et jusqu'à l'*Euphrate* à l'est. Mais, après la mort de Salomon, ces conquêtes furent perdues et la Terre sainte elle-même fut divisée, par le schisme, en *deux royaumes* : au sud, le ROYAUME DE JUDA, comprenant les deux tribus les plus peuplées, celles de Juda et de Benjamin situées sur le massif occidental, et le ROYAUME D'ISRAEL, comprenant le reste du pays.

Les Assyriens, qui habitaient entre le Tigre et l'Euphrate, détruisirent, 718 ans avant l'ère chrétienne, le royaume d'Israël, emmenèrent la majorité des habitants en captivité; une partie des Hébreux d'Éphraïm et de Manassé, mêlés aux vainqueurs qui demeurèrent dans le pays, donnèrent naissance à la race mélangée des Samaritains. Cent trente ans après, en 588, Nabuchodonosor, roi de Babylone et successeur des rois d'Assyrie, prit Jérusalem, détruisit le royaume de Juda et emmena les habitants en captivité.

Soixante-dix ans après, Cyrus, roi des Perses et conquérant de Babylone, rendit la liberté aux Hébreux et leur permit de rebâtir Jérusalem et son temple ; mais la Palestine demeura soumise à l'empire des Perses. Après la destruction de cet empire par Alexandre le Grand et la mort d'Alexandre, la Palestine, disputée entre les rois d'Égypte et les rois de Syrie, se révolta contre ces derniers sous la conduite des Machabées et recouvra quelque temps son indépendance ; mais elle ne put résister au général romain Pompée.

TABLEAU
des
DIVISIONS DE LA TERRE SAINTE
A DIVERSES ÉPOQUES.

Les douze tribus.		Les royaumes après le schisme.	Les provinces romaines.
Massif occidental.	JUDA.	ROYAUME DE JUDA.	*Judée.*
	BENJAMIN.		
	SIMÉON.	ROYAUME D'ISRAEL.	
	DAN.		
	EPHRAÏM.		*Samarie.*
	DEMI-TRIBU DE MANASSÉ.		
	ISSACCAR.		*Galilée*
	ZABULON.		
	ASER.		
	NEPHTALI.		
Massif oriental.	DEMI-TRIBU DE MANASSÉ.		*Pérée.*
	GAD.		
	RUBEN.		

Depuis l'an 63, elle fut une dépendance de l'Empire romain qui la divisa en *quatre provinces :* la *Pérée*, qui ne s'étendait au nord que jusqu'à l'Yarmouk, sur le massif oriental; sur le massif occidental, la *Judée* au sud, comprenant les mêmes tribus que le royaume de Judée, la *Samarie* au centre, et la *Galilée* au nord.

54. Les villes principales. — La principale ville de la *Judée* était JÉRUSALEM, ancienne capitale de la tribu chananéenne des Jébuséens, devenue la *capitale du royaume de David*, embellie par Salomon qui y construisit le temple, capitale du royaume de Juda après le schisme (voir la fig. 41). Elle est bâtie, à près de 800 mè-

Fig. 41. — Vue de Jérusalem.

tres au-dessus du niveau de la mer, sur plusieurs collines des monts de Juda au pied desquelles le Cédron coule dans un profond ravin. Cette ville, qui comptait, au temps de sa prospérité, plus de 150,000 habitants, a été détruite une première fois par Nabuchodonosor, 588 ans avant Jésus-Christ; une seconde fois, en 70 après Jésus-Christ, par Titus, à la suite d'une révolte des Juifs contre les Romains; elle a été rebâtie par Adrien, empereur romain. Elle conserve encore de nombreux souvenirs des événements qui s'y sont accomplis; mais elle n'a guère plus de 25,000 habitants. Les autres villes et endroits célèbres de la Judée étaient : près de Jérusalem, Béthanie, au pied de la montagne des Oliviers, et *Bethléem*, où naquit Jésus-Christ, petit bourg à 8 kilomètre au sud de la capitale; au sud de Jérusalem, Hébron, où fut sacré David, ville antique située dans une fertile vallée; Béercheba; à l'est, *Jéricho*, dans la vallée du Jourdain; au nord, *Béthel;* à l'ouest, *Emmaüs*, Lydda et Joppé, sur la côte. Gaza et Ascalon étaient dans le pays des Philistins.

Les localités principales de la *Samarie* étaient SICHEM, bâti au pied du mont Garizim, et Thirsa, premières capitales du royaume d'Israël; SAMARIE, bâti au nord de Sichem par Omri, qui en fit la capitale d'Israël; au sud de Sichem, Éphraïm et Silo qui fut, avant Jérusalem, la capitale des Hébreux; à l'est, le puits de Jacob, et Shalim; au nord, Dothan; à l'ouest, sur la côte, Dor, et Césarée, bâti par Hérode qui en fit sa résidence.

Les localités de la *Galilée* étaient : SEPPHORIS, la plus importante cité de cette province; au sud, Esdrelon, auparavant Jezrael, qui donnait son nom à la fertile plaine du Kison; au sud-est, *Nazareth*, Endor, Bethsan; au nord-est, sur les bords du lac de Génézareth, Tibériade et Capharnaüm; plus loin, sur le cours supérieur du Jourdain, Césarée-Philippi, bâti du temps des Romains.

Les villes de la *Pérée* étaient : Gadara, sur une montagne qui domine l'Yarmouck; Jabès-Galaad; *Gerasa* où l'on voit de vastes ruines datant de l'époque romaine; Ramoth-Gâlaad, au pied du mont Gilead; Rabath-Ammon; Bethabara; Machœrus où fut, dit-on, décapité saint Jean-Baptiste.

55. Résumé de la géographie de la Terre sainte. — 61° La PALESTINE ou TERRE SAINTE est située au sud-ouest de l'Asie; elle est vingt fois plus petite que la France. Elle est bornée à l'ouest par la Phénicie, dont Tyr était le principal port de la Méditerranée, et le pays des Philistins, au nord et à l'est par la Syrie et le désert de Syrie, au sud par le désert de l'Arabie, dans le sud duquel se trouve, sur les bords de la mer Rouge, le *mont Sinaï*. Au sud-ouest du désert de l'Arabie est l'Égypte.

62°, 63° et 64° La Palestine est un DOUBLE MASSIF MONTAGNEUX, coupé par la profonde vallée où coule le Jourdain; dans la partie orientale sont: le mont Gilead et le mont Nébo; dans la partie occidentale, le grand Hermon, le mont Thabor, le mont Carmel, le mont Garizim, les monts d'Éphraïm, les monts stériles de Juda avec la montagne des Oliviers.

65° Le seul cours d'eau important est le JOURDAIN, qui forme le *lac de Génézareth* et se jette dans la MER MORTE ou lac Asphaltite.

66°, 67° et 68° La PALESTINE, désignée d'abord sous le nom de terre de Chanaan, fut, après la conquête, partagée entre les DOUZE TRIBUS. Sous David et Salomon, le royaume de Judée s'étendit jusqu'au golfe Élanitique et à l'Euphrate; après Salomon, la Palestine fut divisée en deux royaumes; plus tard, sous les Romains, en quatre provinces.

(Apprendre le tableau de la page 87.

69° et 70° Les localités les plus célèbres sont:

Jérusalem, capitale du royaume de David et de Salomon, Bethléem, Jéricho, Béthel, Emmaüs, dans la Judée; *Sichem* et *Samarie*, dans la Samarie; *Sepphoris* et Nazareth dans la Galilée; Gerasa dans la Pérée.

BIBLIOTHÈQUE NATIONALE R.F.

QUESTIONNAIRE

Où est située la Terre sainte? — Quelles sont les limites de la Terre sainte? — Où est le mont Sinaï? — Par quoi le mont Sinaï est-il célèbre? — Quel est l'aspect général du relief du sol de la Palestine? — Montrez sur la carte le pays des Philistins. — Montrez les principales montagnes de la Palestine. — Montrez la grande dépression centrale. — Indiquez le cours du Jourdain. — Qu'est-ce que le lac de Génézareth? — Décrivez la mer Morte? — Nommez les douze tribus et montrez sur la carte leur territoire. — Quelles tribus comprenait le royaume de Juda? — Où était située la Galilée et quelles tribus comprenait-elle? — Décrivez Jérusalem. — Quelles étaient les principales villes de la Samarie, etc.?

TABLE DES MATIÈRES

PREMIÈRE PARTIE. — Révision du cours de l'année précédente. 5

DEUXIÈME PARTIE. — Notions sommaires sur le globe terrestre 9

TROISIÈME PARTIE. — L'Europe 19

QUATRIÈME PARTIE. — L'Afrique, l'Asie, l'Océanie, l'Amérique 49

PARTIE SUPPLÉMENTAIRE. — La Terre sainte. 81

Sceaux. — Imp. et stér. M. et P.-E. Charaire.

A LA MÊME LIBRAIRIE

MÉTHODE CARTOGRAPHIQUE

DE

E. LEVASSEUR, Membre de l'Institut

CARTES MUETTES

Chacune de ces cartes prise séparément. . . . . » 05
Le cent de cartes assorties. 2 50

ATLAS DE CARTES MUETTES

(Format in-4° écu)

Petit Atlas

Contenant 8 cartes. Prix » 10 c.

1 Terre.
2 Europe.
4 France avec départements.
1 France avec cours d'eau.

Moyen Atlas. — 16 cartes.

Chaque numéro contient 16 cartes et se vend. . » 40 c

Numéro 1.

12 France avec départements.
2 — avec cours d'eau.
1 Algérie.
1 Terre.

Numéro 2.

2 Europe avec Etats.
1 — avec cours d'eau.
2 Iles Britanniques.
1 Pays-Bas et Belgique.
2 Allemagne.
1 Suisse.
1 Autriche.
1 Espagne.
1 Italie.
1 Turquie.
1 Russie.
1 Etats scandinaves.
1 Europe.

Numéro 3.

3 Terre.
2 Afrique.
3 Asie.
2 Océanie.
2 Amérique du Nord.
1 Etats-Unis (partie orientale).
2 Amérique du Sud.
1 Terre.

Grand Atlas. — 32 cartes.

Chaque numéro contient 32 cartes et se vend. . » 80

Numéro 1.

1 Méridiens et parallèles de la France.
24 France avec départements.
4 — avec cours d'eau.
2 Algérie.
1 Terre.

Numéro 2.

1 Méridiens et parallèles de l'Europe.
8 Europe avec Etats.
1 — avec cours d'eau.
4 Iles Britanniques.
1 Pays-Bas et Belgique
4 Allemagne.
1 Suisse.
3 Autriche.
2 Espagne.
3 Italie.
2 Turquie.
3 Russie.
2 Etats scandinaves.
2 Europe avec Etats.
1 — avec cours d'eau.

Numéro 3.

1 Méridiens et parallèles du globe.
5 Terre.
3 Afrique.
1 Algérie.
3 Asie.
1 Asie occidentale.
1 Indes.
2 Chine.
2 Océanie.
3 Amérique du Nord.
3 Etats-Unis.
2 Amérique du Sud.
1 Brésil.
1 Côte occidentale de l'Amérique du Sud.
3 Terre.

Emploi des cartes muettes

1° Pour la reproduction immédiate des indications que le maître porte sur le tableau mural;

2° Pour l'interrogation des élèves qui, peuvent répondre tous à la fois en marquant les lieux à mesure que le maître les nomme;

3° Pour les compositions;

4° Pour la confection des cartes données en devoir.

Sceaux. — Typ. et stér. M. et P.-E. Charaire.

BIBLIOTHEQUE NATIONALE DE FRANCE
3 7502 00783653 1

www.ingramcontent.com/pod-product-compliance
Ingram Content Group UK Ltd.
Pitfield, Milton Keynes, MK11 3LW, UK
UKHW021554260726
13993UKWH00002B/824